A CORAGEM DE SER FELIZ

Ichiro Kishimi e Fumitake Koga

A CORAGEM DE
SER FELIZ

Título original: *Shiawase Ni Naru Yuki*

Copyright © Ichiro Kishimi e Fumitake Koga 2016
Copyright © Ichiro Kishimi e Fumitake Koga nesta edição traduzida em 2020
Copyright da tradução © 2020 por GMT Editores Ltda.

Publicada originalmente no Japão como *Shiawase Ni Naru Yuki* por
Diamond Inc., Tóquio, em 2016.
Primeira publicação no Brasil pela Editora Sextante, em 2020.
A edição brasileira foi publicada em acordo com Diamond Inc.
por meio da Tuttle-Mori Agency Inc., Tóquio, por intermédio de
Chandler Crawford Agency, Massachusetts, EUA.

Todos os direitos reservados. Nenhuma parte deste livro pode ser utilizada ou reproduzida sob quaisquer meios existentes sem autorização por escrito dos editores.

tradução: Débora Chaves
preparo de originais: Sibelle Pedral
revisão: Melissa Lopes Leite e Tereza da Rocha
diagramação: Valéria Teixeira
capa: DuatDesign
imagem de capa: Jim McKinley/Getty Images
impressão e acabamento: Bartira Gráfica

CIP-BRASIL. CATALOGAÇÃO NA PUBLICAÇÃO
SINDICATO NACIONAL DOS EDITORES DE LIVROS, RJ

K66c

Kishimi, Ichiro, 1956-
  A coragem de ser feliz/ Ichiro Kishimi, Fumitake Koga; tradução de Débora Chaves. Rio de Janeiro: Sextante, 2020.
  272p.; 14 x 21 cm.

Tradução de: The courage to be happy
ISBN 978-65-5564-034-2

1. Autorrealização (Psicologia). 2. Felicidade. 3. Adler, Alfred, 1870-1937. 4. Psicologia adleriana. I. Koga, Fumitake. II. Chaves, Débora. III. Título.

20-65269

CDD: 158.1
CDU: 159.942

Todos os direitos reservados, no Brasil, por
GMT Editores Ltda.
Rua Voluntários da Pátria, 45 – 14º andar – Botafogo
22270-000 – Rio de Janeiro – RJ
Tel.: (21) 2538-4100
E-mail: atendimento@sextante.com.br
www.sextante.com.br

NOTA DOS AUTORES

Embora figure ao lado de Sigmund Freud e Carl Gustav Jung como um dos nomes mais importantes do mundo da psicologia, Alfred Adler foi durante muitos anos um gigante esquecido. Por meio de um diálogo entre um jovem e um filósofo, método tradicional da filosofia grega, este livro oferece uma introdução ao pensamento de Adler, considerado um estudioso anos-luz à frente de seu tempo.

São apenas dois personagens: um filósofo que se dedica ao estudo da filosofia grega e da psicologia adleriana e um jovem com uma visão pessimista em relação à vida. Na obra anterior, *A coragem de não agradar*, o jovem questionou o filósofo sobre o verdadeiro significado da seguinte afirmação, baseada nas ideias de Adler: "As pessoas podem mudar. E não apenas isso, elas podem alcançar a felicidade." O filósofo apresentou as seguintes respostas:

- Problemas pessoais não existem. Todos os problemas são de relacionamento interpessoal.
- Não devemos ter medo de não agradar. Ser livre é não agradar às outras pessoas.
- Não é que você não tenha habilidade. Você simplesmente não tem coragem.
- Nem o passado nem o futuro existem. Há apenas o "aqui e agora".

O jovem se revoltou contra essas declarações radicais, mas, ao conhecer as ideias de Adler sobre a "sensação de comunidade", aceitou as palavras do filósofo e decidiu mudar.

O diálogo narrado neste livro ocorre três anos depois. O jovem se tornou professor com a intenção de colocar em prática as ideias de Adler e agora, mais uma vez, visita o filósofo. Eis algumas de suas opiniões: *A psicologia adleriana não passa de um monte de teorias vazias. Você está tentando seduzir e corromper os jovens com as ideias de Adler. Preciso me distanciar de ideias tão perigosas.*

De que maneira devemos trilhar o caminho da felicidade revelado no livro anterior? O pensamento de Adler, que parece puro idealismo, é de fato uma filosofia que pode ser praticada? E qual foi a escolha mais importante que Adler fez na vida?

Esta é a conclusão de uma obra em dois volumes que analisa a essência de Alfred Adler e sua psicologia da coragem. Acompanhando o jovem que contestou Adler e se revoltou contra suas teorias, descubra você mesmo qual é a verdadeira coragem de que precisamos.

SUMÁRIO

Preâmbulo ... 11

PARTE I
"Aquela pessoa malvada" e "Coitadinho de mim" ... 21

A psicologia adleriana é uma religião? ... 23
O objetivo da educação é a autossuficiência ... 30
Respeito é ver a pessoa como ela é ... 38
Preocupe-se com as preocupações das outras pessoas ... 45
Se tivéssemos o mesmo sentimento e a mesma vida ... 50
A coragem é contagiosa, assim como o respeito ... 53
A verdadeira razão pela qual as pessoas não conseguem mudar ... 57
Seu agora decide o passado ... 62
"Aquela pessoa malvada" e "Coitadinho de mim" ... 65
A psicologia adleriana não é mágica ... 68

PARTE II
Por que negar recompensa e punição? ... 71

A sala de aula é uma nação democrática ... 73
Não repreenda e não elogie ... 77
Qual é o objetivo do comportamento problemático? ... 82

Me odeie! Desista de mim!	88
Se houver punição, o crime deixa de existir?	97
Violência em nome da comunicação	102
Irritar-se e repreender são sinônimos	107
Cada um pode escolher a própria vida	111

PARTE III
Do princípio da competição ao princípio da cooperação — 119

Recuse o desenvolvimento baseado no elogio	121
A recompensa leva à competição	125
A doença da comunidade	128
A vida começa na incompletude	132
A coragem de ser quem você é	140
Esse comportamento problemático tem um alvo: você	145
Por que alguém deseja se tornar um salvador	149
Educação é amizade, não trabalho	154

PARTE IV
Deem, e lhes será dado — 159

Toda alegria é a alegria do relacionamento interpessoal	161
Garantia ou confiança?	166
Por que o trabalho se torna uma tarefa da vida	171
Todas as profissões são honradas	175
O importante é o uso que se faz desse equipamento	180
Quantos amigos de verdade você tem?	186
Antes de tudo, acredite	190

As pessoas nunca se entendem	194
A vida é feita de "dias comuns"	198
Deem, e lhes será dado	203

PARTE V
Escolha a vida que você ama — 207

O amor não é algo que simplesmente acontece	209
Da "arte de ser amado" para a "arte de amar"	213
O amor é uma tarefa a ser cumprida a dois	217
Mude o foco da vida	221
Autossuficiência é se libertar do "eu"	225
A quem esse amor é direcionado?	230
Como conquistar o amor dos pais?	234
As pessoas têm medo de amar	240
Não existe uma pessoa destinada a você	244
O amor é uma decisão	248
Escolha novamente seu estilo de vida	252
Adote a simplicidade	257
Aos amigos que viverão na nova era	260

Posfácio — 265

Deveria ser uma visita mais alegre e amigável. "Espero que não se importe se, em algum momento, eu voltar aqui para visitá-lo, mas como um amigo. E não vou tentar rebater seus argumentos." O jovem disse essas palavras no dia em que foi embora. Passados três anos, ele estava de volta ao gabinete do filósofo com intenções bem diferentes. O jovem tremia diante da gravidade do que estava prestes a confessar. Sentia-se perdido, sem saber por onde começar.

PREÂMBULO

FILÓSOFO: Muito bem. Quer me dizer o que está acontecendo?

JOVEM: Você quer saber por que voltei? Bem, infelizmente não estou aqui para bater papo e rever um velho amigo. Tenho certeza de que você está ocupado, mas eu também estou com pouco tempo para essas coisas. Portanto, como deve ter imaginado, foi uma questão urgente que me trouxe aqui.

FILÓSOFO: Sim, é o que parece.

JOVEM: Tenho refletido muito. Fiquei mais preocupado e perturbado do que deveria e analisei tudo em detalhes. Então tomei uma decisão muito séria e resolvi vir aqui comunicá-la a você. Sei que tem muito que fazer, mas, por favor, me ouça esta noite. Será provavelmente minha última visita.

FILÓSOFO: O que houve?

JOVEM: Ainda não adivinhou? É o problema que vem me afligindo há muito tempo: "Devo ou não desistir de Adler?"

FILÓSOFO: Ah, entendo.

JOVEM: Vou direto ao ponto: as ideias de Adler são mistificações. Puro charlatanismo. Na verdade, vou além e digo que são ideias perigosas, até mesmo nocivas. Embora você seja livre para escolher em que acreditar, eu gostaria, se possível, que me ouvisse em silêncio. Como já disse, esta é minha última visita. Preciso desistir completamente de Adler, diante de você e com este sentimento em meu coração.

FILÓSOFO: Foi algum acontecimento que desencadeou isso?

JOVEM: Vou falar sobre isso com calma e de maneira organizada. Primeiro, você se lembra daquele dia, há três anos, quando nos vimos pela última vez?

FILÓSOFO: Claro que me lembro. Era um dia de inverno, e tudo estava branco, coberto de neve.

JOVEM: Verdade, estava mesmo. O céu noturno tinha um azul lindo, e era lua cheia. Influenciado pelas ideias de Adler, dei um importante passo à frente naquele dia. Deixei meu emprego na biblioteca da universidade e consegui uma vaga como professor na escola onde cursei o ensino fundamental. Achei que iria gostar de colocar em prática uma forma de educação baseada nas ideias de Adler e levá-la para o maior número possível de crianças.

FILÓSOFO: E essa não foi uma decisão fantástica?

JOVEM: Sem dúvida. Na época, eu era puro idealismo. Não conseguia me controlar e guardar essas ideias maravilhosas e transformadoras só para mim. Tinha que fazer com que mais pessoas as compreendessem. Mas quem? Cheguei a uma conclusão. Os adultos, que deixaram de ser puros e inocentes, não eram os únicos que precisavam conhecer Adler. Apresentar as ideias de Adler às crianças, que serão a próxima geração, faria com que o pensamento dele continuasse evoluindo. Essa foi a missão que assumi. Meu fogo interior estava tão forte que eu poderia ter me queimado.

FILÓSOFO: Entendo. Você só consegue falar sobre isso usando os verbos no passado?

JOVEM: Exatamente. Essas coisas já fazem parte do passado. Mas, por favor, não me entenda mal. Não perdi a esperança nos meus alunos. Muito menos desisti do que diz respeito à educação em si. Simplesmente perdi a esperança em Adler – o que significa que perdi a esperança em você.

FILÓSOFO: Por que isso aconteceu?

JOVEM: Bem, cabe a você refletir e perguntar a si mesmo! As ideias de Adler não têm utilidade na sociedade atual, não passam de abstrações, teorias vazias. Especialmente aquele princípio da educação que diz que não se deve elogiar nem repreender. E, só para você saber, eu segui fielmente esse princípio. Não elogiei, tampouco repreendi ninguém. Não elogiei notas perfeitas em provas nem um trabalho minucioso de limpeza. Não repreendi ninguém por esquecer o dever de casa ou por fazer bagunça na sala de aula. Qual você acha que foi o resultado?

FILÓSOFO: Você tem uma turma indisciplinada?

JOVEM: Totalmente. Mas, quando penso sobre tudo isso agora, acho que foi natural. A culpa foi minha, por me deixar levar por tanta charlatanice.

FILÓSOFO: E o que fez a respeito disso?

JOVEM: Nem preciso dizer que, em relação aos alunos que se comportavam mal, escolhi o caminho da repreensão rigorosa. Você provavelmente vai minimizar a situação e me dizer que foi uma solução boba. Mas, veja bem, não sou uma pessoa que se ocupa apenas da filosofia e se perde em devaneios. Sou um educador que vive e lida com situações reais, que cuida da vida e do destino dos estudantes. Afinal, a realidade à nossa frente nunca espera – ela está em constante movimento. Você não pode simplesmente ficar indiferente e não fazer nada!

FILÓSOFO: E esse caminho foi eficaz?

JOVEM: Repreendê-los não fará mais diferença, porque agora eles me desprezam. Acham que sou um fraco. Para ser sincero, em alguns momentos invejo os professores de antigamente, quando o castigo físico era permitido e até mesmo comum.

FILÓSOFO: Não é uma situação simples.

JOVEM: Verdade. Para que não haja nenhum mal-entendido, não estou me deixando levar pelas emoções nem ficando irritado. Estou apenas repreendendo, de maneira racional, como último recurso para fins educacionais.

FILÓSOFO: Foi então que você sentiu que queria desistir de Adler?

JOVEM: Bem, mencionei isso só para dar um bom exemplo. As ideias de Adler são certamente extraordinárias. Elas colocam em xeque nosso sistema de valores e nos levam a sentir como se o céu nublado acima de nós estivesse clareando; como se a vida mudasse. Parecem irrepreensíveis, a própria verdade universal.

Mas a questão é que o único lugar em que elas se sustentam é bem aqui, neste gabinete. Uma vez que você abre a porta e mergulha no mundo real, as ideias de Adler se revelam muito ingênuas. Os argumentos que apresentam são impraticáveis, apenas idealismos superficiais. Você inventou um mundo que atende aos seus propósitos aqui nesta sala e se deixa levar por devaneios. Não sabe nada sobre o mundo real e as pessoas que vivem nele!

FILÓSOFO: Entendo... E então?

JOVEM: Uma maneira de educar em que não se elogia nem se castiga? Que incentiva a autonomia e deixa os alunos à própria sorte? Isso equivale a renunciar aos nossos deveres profissionais como educadores. A partir de agora, vou lidar com as crianças de uma forma bem diferente da que Adler idealizou. Não me importo se é certa ou errada. Não tenho escolha. Vou elogiar e vou repreender. E, naturalmente, também terei que ser duro nas punições.

FILÓSOFO: Só para eu ter certeza: você não vai parar de trabalhar como educador, vai?

JOVEM: Claro que não. Nunca vou desistir de ser um educador, porque esse é o caminho que escolhi. Não é uma ocupação, mas uma maneira de viver.

FILÓSOFO: É muito reconfortante ouvir isso.

JOVEM: Então você acha que isso é um problema apenas dos outros? Se é para continuar como educador, tenho que desistir de Adler aqui e agora. Se eu não fizer isso, estarei renunciando às minhas responsabilidades profissionais e abandonando meus alunos. Estou com a faca no pescoço. Qual é a sua resposta?

Filósofo: Em primeiro lugar, permita-me fazer uma correção. Você usou a palavra "verdade" mais cedo, mas não estou apresentando Adler como uma verdade absoluta, imutável. Pode-se dizer que o que estou fazendo é prescrever óculos de grau. Muitas pessoas passaram a enxergar melhor graças a esses óculos. Por outro lado, algumas dizem que sua visão ficou mais borrada do que antes. Eu não pretendo forçar essas pessoas a usar as "lentes" de Adler.

Jovem: Ah, então você desistiu delas?

Filósofo: Não. Vamos pensar assim: não há outra forma de pensamento tão fácil de interpretar mal e tão difícil de entender corretamente quanto a psicologia adleriana. A maior parte das pessoas que afirmam "conhecer Adler" confunde seus ensinamentos. Elas não têm a coragem de tentar realmente entendê-lo, muito menos de ver o panorama que se abre a partir dessa forma de pensar.

Jovem: As pessoas interpretam mal Adler?

Filósofo: Isso. Se uma pessoa entra em contato com ideias de Adler e logo se impressiona, dizendo "A vida está mais fácil agora", ela entendeu tudo errado. Porque, quando reconhecemos de fato o que Adler exige de nós, é comum ficarmos chocados com seu rigor.

Jovem: Está dizendo que eu também interpreto mal Adler?

Filósofo: Considerando tudo que me disse até agora, parece que sim. Mas você não está sozinho nisso. Há muitos adlerianos, adeptos da psicologia de Adler, que não o compreendem no início, mas depois galgam a escada do entendimento. Talvez você ainda não tenha encontrado sua escada. Eu também demorei a encontrá-la quando era jovem.

JOVEM: Sei. Você também teve uma fase em que ficou perdido?

FILÓSOFO: Sim, tive.

JOVEM: Então quero que me ensine. Onde está essa escada do entendimento, ou seja lá o que for? Aliás, o que você quer dizer com "escada"? Onde você a achou?

FILÓSOFO: Tive sorte. Descobri Adler numa fase em que me dedicava a cuidar da casa e a criar meu filho.

JOVEM: Como assim?

FILÓSOFO: Meu filho me ajudou a conhecer Adler. E, com ele, pude praticar e, assim, ampliar minha compreensão e comprovar as teorias de Adler.

JOVEM: Pois é isso que estou pedindo que você me diga! O que aprendeu? E qual foi essa comprovação que obteve?

FILÓSOFO: Em uma palavra: "amor".

JOVEM: Como é que é?

FILÓSOFO: Você não precisa realmente que eu repita, certo?

JOVEM: Que piada! O amor, sobre o qual não há necessidade de falar? Você está dizendo que, se eu quiser conhecer o verdadeiro Adler, tenho que saber sobre o amor?

Filósofo: Você, que ri dessa palavra, ainda não a entende. O amor a que Adler se refere é a mais dura e desafiadora prova de coragem que existe.

Jovem: Ah, qual é... Lá vem você fazer pregação sobre o amor ao próximo. Não estou a fim de ouvir.

Filósofo: Você acabou de dizer que chegou a um beco sem saída como educador e que tem um sentimento de desconfiança em relação a Adler. Depois, contou que está ansioso para me revelar que está abandonando Adler e não quer que eu fale mais nada sobre ele. Por que está tão chateado? Talvez achasse que as teorias de Adler tinham algo de mágico. Como se bastasse agitar a varinha de condão para que todos os seus desejos fossem imediatamente realizados. Se for o caso, você *deve* mesmo desistir de Adler. Deve desistir das imagens falsas que abraçou e, enfim, conhecer o verdadeiro Adler.

Jovem: Não, você está errado. Em primeiro lugar, nunca achei que Adler fosse mágico ou algo parecido. Em segundo lugar, acho que você mesmo disse uma vez: "Qualquer pessoa pode ser feliz neste exato momento."

Filósofo: Sim, eu disse isso.

Jovem: Mas essas palavras não são um exemplo perfeito de magia? Você está alertando as pessoas, dizendo "Não se deixem enganar por esse dinheiro falso", ao mesmo tempo que oferece a elas outra moeda falsa. É um truque clássico de vigarista!

Filósofo: Qualquer pessoa pode ser feliz a partir de agora. Este é um fato inegável, não tem nada a ver com magia ou qualquer coisa do gênero. Você, e todo mundo, pode dar passos em direção à felicidade. Mas, se ficar onde está, não desfrutará da felicidade. É preciso continuar percorrendo o caminho escolhido. É necessário ter clareza sobre essa questão.

Você deu o primeiro passo. Um passo importante. Agora, no entanto, não só perdeu a coragem como interrompeu a caminhada e está tentando voltar. Sabe por quê?

JOVEM: Você está dizendo que não tenho paciência.

FILÓSOFO: Nada disso. Você ainda não fez a escolha mais importante da sua vida. Só isso.

JOVEM: A escolha mais importante da minha vida?! O que eu tenho que escolher?

FILÓSOFO: Eu já disse: o amor.

JOVEM: E você espera que eu entenda isso? Por favor, não me venha com suas abstrações.

FILÓSOFO: Estou falando sério. Todos os problemas pelos quais você está passando advêm da palavra "amor". Assim como seus questionamentos sobre a educação e sobre o tipo de vida que você supostamente deveria levar.

JOVEM: Tudo bem. Isso parece ser algo que vale a pena refutar. Mas, antes de entrarmos em uma discussão mais séria, há algo que eu preciso dizer. Não tenho dúvida de que você é um Sócrates dos tempos modernos. No entanto, não me refiro às ideias dele, e sim ao crime que cometeu.

Filósofo: Crime?

Jovem: Veja, o que se diz é que Sócrates foi acusado de corromper a juventude da antiga cidade-estado grega de Atenas e condenado à morte, certo? Ele não atendeu ao apelo dos discípulos para fugir da prisão, então bebeu um chá envenenado e se despediu deste mundo. Interessante, não? Ora, para mim, as pessoas que disseminam as ideias de Adler nesta antiga capital onde vivemos são culpadas do mesmo crime. Ou seja, estão corrompendo a juventude ingênua com palavras enganosas.

Filósofo: Está dizendo que você foi enganado e corrompido por Adler?

Jovem: É exatamente por isso que decidi visitá-lo novamente, para me dissociar de você. Não quero produzir mais vítimas. Filosoficamente falando, preciso matá-lo.

Filósofo: Então a noite será longa.

Jovem: Vamos resolver isso esta noite, antes de o dia amanhecer. Não há necessidade de eu voltar a visitá-lo depois disso. Será que galgarei a escada do entendimento? Ou a destruirei e abandonarei Adler de uma vez por todas? Será uma coisa ou outra; não haverá meio-termo.

Filósofo: Tudo bem. Esta conversa pode ser a nossa última... Ou melhor, parece que teremos que torná-la a última, de qualquer maneira.

PARTE I

"Aquela pessoa malvada" e *"Coitadinho de mim"*

POUCA COISA HAVIA MUDADO NO gabinete do filósofo desde a visita anterior do jovem, três anos antes. Sobre a mesa gasta via-se um maço de folhas, um manuscrito inacabado. Em cima dele, talvez para evitar que os papéis fossem levados pelo vento, estava uma caneta-tinteiro antiga com incrustações de ouro. Tudo parecia familiar ao jovem; era quase como se estivesse no próprio escritório. Ele identificou vários livros que também possuía, inclusive um que tinha acabado de ler uma semana antes. Olhando melancolicamente para a estante que ocupava uma parede inteira, o jovem deixou escapar um suspiro. *É melhor eu não me sentir muito confortável aqui. Preciso seguir em frente.*

A PSICOLOGIA ADLERIANA
É UMA RELIGIÃO?

JOVEM: Antes de tomar a decisão de vir vê-lo mais uma vez hoje, isto é, antes de tomar a decisão de abandonar Adler, passei por uma fase de grande angústia. Isso me incomodou mais do que você possa imaginar, o que mostra quanto as ideias de Adler me atraíam. Mas o fato é que, ao mesmo tempo que eu me sentia atraído por elas, acumulava dúvidas o tempo todo. E essas dúvidas dizem respeito à expressão "psicologia adleriana" em si.

FILÓSOFO: Humm... O que você quer dizer?

JOVEM: Como a expressão "psicologia adleriana" indica, as ideias de Adler são consideradas uma linha da psicologia. E, pelo que sei, a psicologia é basicamente uma ciência. Quando se trata das opiniões apresentadas por Adler, no entanto, há aspectos que não me parecem científicos. Como esta é uma área de estudo que lida com a psique, não pode ser completamente representada por uma fórmula matemática. Isso entendo com clareza. Mas o problema é que Adler fala sobre as pessoas em termos de "ideais". Ele oferece o mesmo tipo de clichê usado pelos cristãos em seus sermões sobre o amor ao próximo. O que me leva à primeira pergunta: você vê a psicologia adleriana como uma ciência?

FILÓSOFO: Se estiver se referindo a uma definição estrita, ou seja, de uma ciência que possa ser refutada, então não, não vejo. Adler afirmou que sua psicologia era uma ciência, mas, quando começou a explicar seu conceito de "sentido social", muitos colegas romperam com ele. A opinião deles era muito parecida com a sua: "Isso não é ciência."

JOVEM: Certo. É a reação natural de qualquer um que esteja interessado na psicologia como uma ciência.

FILÓSOFO: Essa é uma área de debate permanente, mas tanto a psicanálise de Freud quanto a psicologia analítica de Jung e a psicologia individual de Adler têm aspectos que entram em conflito com essa definição de ciência, na medida em que não têm refutabilidade. Isso é um fato.

JOVEM: Certo. Como eu trouxe o computador, vou aproveitar para anotar isso. A rigor... não é ciência! Agora minha próxima pergunta: há três anos, você se referiu às teorias de Adler como "outra filosofia", não foi?

FILÓSOFO: Sim, está certo. Considero a psicologia adleriana uma forma de pensar completamente alinhada com a filosofia grega e que é, por si só, uma filosofia. Tenho a mesma opinião sobre Adler: não o vejo como um psicólogo, mas como um filósofo. Um filósofo que aplica seu conhecimento em consultórios.

JOVEM: Ótimo. Então aqui vai meu principal argumento. Refleti muito sobre as ideias de Adler e as coloquei em prática. Não tinha dúvida sobre elas. Pelo contrário: era como se essas ideias me provocassem uma paixão febril. Eu acreditava totalmente nelas. No entanto, sempre que tentei aplicar as ideias de Adler no ambiente educacional, enfrentei forte oposição. Fui contestado não só pelos alunos como também pelos outros professores. Mas, se você parar para pensar nisso, faz sentido. Eu estava introduzindo uma abordagem educacional que se baseia em um sistema de valores totalmente diferente do deles e tentando colocá-la em prática lá pela primeira vez. Depois, do mesmo jeito que um certo grupo de pessoas, acabei sobrepondo minhas circunstâncias às deles. Você sabe de que pessoas estou falando?

FILÓSOFO: Acho que não. A quem você se refere?

JOVEM: Aos missionários católicos que pilharam as terras pagãs na Era dos Descobrimentos.

FILÓSOFO: Ah.

JOVEM: Aconteceu na África, na Ásia e nas Américas. Os missionários católicos viajavam para terras estranhas, onde a língua, a cultura e até mesmo os deuses eram diferentes, e saíam pregando suas crenças. Assim como eu, que comecei a trabalhar pregando as ideias de Adler. Embora muitas vezes conseguissem propagar sua fé, os missionários também sofreram opressão e, em alguns casos, foram executados de maneira bárbara. O senso comum diria que eles seriam rejeitados. Então como explicar que tenham convertido os habitantes dos locais visitados às suas crenças? Deve ter sido um trabalho bastante difícil. Como eu queria saber mais, corri para a biblioteca.

FILÓSOFO: Mas isso é...

JOVEM: Espere um pouco, ainda não terminei. Enquanto eu pesquisava relatos sobre os missionários da Era dos Descobrimentos, outro pensamento interessante me ocorreu: será que a filosofia de Adler, no fundo, não é uma religião?

Filósofo: Interessante...

Jovem: Porque é verdade, não é? Os ideais sobre os quais Adler fala não são ciência. E, como não são ciência, são uma questão de fé, de acreditar ou não. Mais uma vez, trata-se apenas de opinião. É verdade que, do nosso ponto de vista, as pessoas que não conhecem Adler parecem selvagens primitivos que acreditam em falsos deuses. Sentimo-nos na obrigação de ensinar a "verdade" e de salvá-las o mais rápido possível. No entanto, pode ser que, do ponto de vista delas, sejamos nós os adoradores primitivos de deuses perversos. Talvez nós é que precisemos ser salvos. Estou errado?

Filósofo: Você tem toda a razão.

Jovem: Então me diga: qual é a diferença entre a filosofia de Adler e uma religião?

Filósofo: A diferença entre religião e filosofia é um tema importante. Se você simplesmente descartar a existência de um deus e refletir, então a discussão será mais fácil.

Jovem: O que quer dizer com isso?

Filósofo: O mesmo ponto de partida vale para a religião, a filosofia e a ciência. De onde viemos? Onde estamos? Como devemos viver? A religião, a filosofia e a ciência, todas partem dessas mesmas questões. Na Grécia Antiga, não havia divisão entre filosofia e ciência, tanto que a raiz latina da palavra "ciência" é *scientia*, que significa "conhecimento".

Jovem: Tudo bem. A ciência era assim naquela época. Mas estou perguntando sobre filosofia e religião. Qual é a diferença entre elas?

Filósofo: Talvez seja melhor esclarecer primeiro os pontos em comum. Diferentemente da ciência, que se limita a apurar fatos objetivos, a filosofia e a religião lidam com os conceitos humanos de "verdade", "bondade" e "beleza". Essa é uma questão fundamental.

Jovem: Concordo. A filosofia e a religião investigam a psique humana. Onde, então, estão os limites e as diferenças entre as duas? É apenas aquela única questão, de saber se Deus existe?

Filósofo: Não. A diferença mais importante é a presença ou ausência de narrativa. A religião explica o mundo por meio de histórias. Pode-se dizer que os deuses são os protagonistas das grandes narrativas que as religiões usam para explicar o mundo. Em contraste, a filosofia rejeita as narrativas e tenta explicar o mundo por meio de conceitos abstratos que não têm protagonistas.

Jovem: A filosofia rejeita as narrativas?

Filósofo: Pense da seguinte forma: em nossa busca da verdade, caminhamos por uma longa ponte que adentra a escuridão. Duvidando do bom senso e envolvidos em um eterno processo de autoquestionamento, simplesmente seguimos caminhando sem saber aonde a ponte nos levará. Então, da escuridão, ouve-se uma voz dizendo: "Não há mais nada adiante. A verdade está aqui."

Jovem: Humm...

Filósofo: Nesse momento, algumas pessoas deixam de ouvir sua voz interior, param de andar e saltam da ponte. Será que encontraram a verdade? Não sei. Talvez tenham encontrado, talvez não. Mas parar de repente e saltar no meio do caminho é o que chamo de religião. Com a filosofia, continuamos a andar. Não importa se os deuses estão lá ou não.

Jovem: Então essa filosofia de andar sem parar não oferece respostas?

Filósofo: No grego original, *filosofia* significa "amor à sabedoria". Ou seja, a filosofia é o "estudo do amor à sabedoria", e os filósofos, os "amantes da sabedoria". Por outro lado, pode-se afirmar que, se alguém se tornasse um sábio perfeito, do tipo que sabe tudo que há para saber, deixaria de ser um amante da sabedoria (filósofo). Como dizia Kant, o gigante da filosofia moderna: "Não se pode aprender filosofia. Pode-se apenas aprender a filosofar."

Jovem: Filosofar?

Filósofo: Isso mesmo. A filosofia é mais um modo de vida do que um campo de estudo. A religião pode atribuir tudo a Deus. Pode evocar um ser todo-poderoso e onisciente, e os ensinamentos proferidos por ele. Essa maneira de pensar discorda fundamentalmente da filosofia.

Quando alguém tem a pretensão de saber tudo ou para no meio do caminho do conhecimento e da reflexão, independentemente de sua crença na existência ou não de Deus, da presença ou ausência de fé, está se aventurando na religião. Essa é minha opinião sobre o assunto.

Jovem: Ou seja, você ainda não sabe as respostas?

Filósofo: Não sei. No instante em que achamos que conhecemos um assunto, queremos saber mais. Sempre vou refletir sobre mim mesmo, as outras pessoas e o mundo. Portanto, é um eterno "não sei".

Jovem: Ha, ha... Essa resposta também é filosófica.

Filósofo: Sócrates, em seus diálogos com os sábios conhecidos como sofistas, chegou à seguinte conclusão: eu (Sócrates) sei que "o meu conhecimento não está completo". Reconheço minha ignorância. Os sofistas, por outro lado, aqueles supostos sábios, tinham a pretensão de compreender tudo, mas nada sabiam da própria ignorância. Neste sentido, do conhecimento da própria ignorância, sou mais sábio do que eles. Esse é o contexto da famosa declaração de Sócrates – "Só sei que nada sei".

Jovem: Então o que é que você, que não sabe as respostas e se confessa um ignorante, tem a me esclarecer?

Filósofo: Não vou esclarecer. Vamos pensar e caminhar juntos.

Jovem: Até o final da ponte? Sem saltar dela?

Filósofo: Isso mesmo. Continue perguntando e caminhando, sem parar.

Jovem: Você está muito confiante, apesar de dizer que os sofismas não têm lógica. Tudo bem. Vou derrubá-lo dessa ponte!

O OBJETIVO DA EDUCAÇÃO É A AUTOSSUFICIÊNCIA

FILÓSOFO: Bem, por onde começamos?

JOVEM: O problema que exige minha atenção urgente neste momento é a educação. Portanto, apresentarei as contradições de Adler com esse foco. Há uma variedade de facetas nas ideias de Adler que, em sua raiz, são incompatíveis com a educação.

FILÓSOFO: Entendo. Isso parece interessante.

JOVEM: Na psicologia adleriana, há uma maneira de pensar chamada "separação de tarefas", certo? Todos os elementos e acontecimentos da vida são observados considerando-se de quem é determinada tarefa e agrupados em "nossas tarefas" e "tarefas de outras pessoas". Digamos, por exemplo, que meu chefe não gosta de mim. Naturalmente, a sensação não é boa. Seria normal eu me esforçar para ser, de alguma forma, apreciado e aprovado por ele.

Mas Adler considera isso errado. Que tipo de crítica as outras pessoas (nesse caso, meu chefe) fazem ao meu discurso e à minha conduta, e a mim como pessoa? Essa é uma tarefa do chefe (ou seja, de outras pessoas), não é algo que eu possa controlar. Por mais que eu tente ser apreciado, meu chefe pode simplesmente continuar não gostando de mim.

Adler afirma que "não vivemos para satisfazer as expectativas de outras pessoas". E mais: "as outras pessoas não vivem para satisfazer as nossas expectativas". Não tenha medo dos olhares alheios, não dê importância às críticas nem espere ser reconhecido pelos demais. Simplesmente escolha o melhor caminho para você, aquele no qual acredita. Além disso, não interfira nas tarefas de outras pessoas nem permita que interfiram nas suas. Para quem está começando na psicologia adleriana, este é um conceito de grande impacto.

Filósofo: Verdade. Aquele que é capaz de fazer a separação de tarefas reduz drasticamente os problemas de relacionamento interpessoal.

Jovem: Você também disse que há uma maneira fácil de determinar quem assume qual tarefa. Eu deveria pensar: "Quem, em última análise, sofrerá as consequências dessa escolha?" Entendi corretamente?

Filósofo: Sim.

Jovem: O exemplo que você usou na época foi o de uma criança que não quer estudar. Os pais estão preocupados com seu futuro e a repreendem para que mude de atitude. Quem sofrerá as consequências da falta de estudo – ou seja, não entrará na escola que deseja ou terá dificuldade para conseguir um emprego? Não importa de qual ângulo se olhe, é a própria criança, não os pais. Em outras palavras, estudar é uma tarefa da criança, não é uma questão em que os pais devem intervir. Estou indo bem até aqui?

Filósofo: Está.

Jovem: É agora que surge a grande dúvida. Estudar é uma tarefa da criança. Não se deve intervir nas tarefas da criança. Sendo assim, então o que é essa coisa que chamamos de "educação"? O que é essa profissão na qual estamos engajados como educadores? Porque, de acordo com sua linha de raciocínio, nós, educadores que estimulamos as crianças a estudar, não passamos de um bando de intrometidos interferindo nas tarefas delas! O que você tem a dizer sobre isso?

Filósofo: Bem, essa é uma questão que surge de vez em quando nas minhas conversas sobre Adler com os educadores. Estudar é, com certeza, uma tarefa da criança. Ninguém está autorizado a intervir nisso, nem mesmo os pais. Se a separação de tarefas a que Adler se refere for interpretada de maneira unidimensional, todas as formas de educação se tornam intervenções nas tarefas de outras pessoas e, portanto, condutas condenáveis. No entanto, em sua época, Adler era o psicólogo que mais se preocupava com a educação. Para ele, a educação não era simplesmente uma tarefa essencial – era também a maior esperança.

Jovem: Humm. Pode ser mais claro?

Filósofo: Por exemplo, na psicologia adleriana, a terapia é pensada não como tratamento, mas como uma oportunidade para a reeducação.

Jovem: Reeducação?

Filósofo: Sim. Aconselhamento psicológico e educação infantil são basicamente a mesma coisa. O terapeuta é um educador, e o educador é um terapeuta. É bom pensar dessa forma.

Jovem: Eu não sabia disso. Não tinha ideia de que eu era um terapeuta! O que isso quer dizer?

Filósofo: Essa é uma questão relevante. Vamos esclarecer alguns pontos antes de continuar a conversa. Em primeiro lugar, qual é o objetivo da educação, tanto em casa quanto na escola? Qual é a sua opinião sobre isso?

Jovem: Não consigo expressá-la em poucas palavras. Eu penso no aumento do conhecimento por meio do estudo, na obtenção de habilidades sociais, no desenvolvimento de seres humanos que respeitem a justiça e que tenham mente e corpo saudáveis...

Filósofo: Sim. Tudo isso é importante, mas olhemos para o cenário mais amplo. O que queremos que as crianças se tornem, como resultado da educação que proporcionamos a elas?

Jovem: Queremos que se tornem adultos independentes?

Filósofo: Certo. O objetivo da educação, em uma palavra, é a autossuficiência.

Jovem: Autossuficiência... Bem, não vejo problema em definir dessa forma.

Filósofo: Na psicologia adleriana, todas as pessoas são consideradas seres que querem sair de sua situação de impotência e melhorar a si mesmos. Ou seja, "buscam a superioridade". O bebê aprende a ficar em pé, depois aprende a falar e, então, consegue se comunicar com as pessoas à sua volta. Resumindo, o que todos buscam é liberdade em relação à sua situação de impotência e de aprisionamento, assim como autossuficiência. Esses são os desejos fundamentais.

JOVEM: Então é a educação que promove a autossuficiência?

FILÓSOFO: Exato. Para as crianças se desenvolverem fisicamente e se tornarem autossuficientes na sociedade, há um mundo de coisas que precisam saber. Devem desenvolver as habilidades sociais e o senso de justiça que você mencionou, e é provável que necessitem de conhecimento e de outros aprendizados também. Obviamente, as coisas que elas não sabem têm que ser ensinadas por quem sabe. As pessoas ao redor devem oferecer apoio. A educação não é uma intervenção, mas uma ajuda no percurso até a autossuficiência.

JOVEM: Tenho a sensação de que você está desesperadamente tentando reformular o que já me disse!

FILÓSOFO: Por exemplo, o que aconteceria se alguém fosse inserido na sociedade sem conhecer as regras de trânsito ou o significado das luzes vermelhas e verdes nos semáforos? Ou, ainda, se não tivesse habilidade para dirigir e precisasse conduzir um carro? Naturalmente, há regras que devem ser aprendidas e habilidades que devem ser desenvolvidas. Essa é uma questão de vida ou morte que, além de tudo, coloca em risco a vida das outras pessoas. Também se poderia imaginar o contrário e dizer que, se você fosse o único ser vivo na Terra, não haveria nada que precisasse saber e, nesse caso, a educação seria desnecessária. Você não teria necessidade de conhecimento.

JOVEM: Então é por causa das outras pessoas e da sociedade que o conhecimento deve ser adquirido?

FILÓSOFO: Sim. "Conhecimento", nesse caso, se refere não só aos estudos acadêmicos, mas às informações de que as pessoas precisam para viver felizes. Em resumo: como devem viver em comunidade, interagir com os outros e encontrar o próprio papel naquele grupo social. E também conhecer a si mesmas e ao outro. Compreender a verdadeira natureza de uma pessoa e como ela deve viver. Adler se referiu a essas informações como "conhecimento humano".

JOVEM: Conhecimento humano? Nunca ouvi essa expressão antes.

FILÓSOFO: É o que eu imaginava. Esse conhecimento humano não é do tipo que se adquire nos livros – é algo que a pessoa só aprende quando está, de fato, se relacionando com outras. Nesse sentido, pode-se dizer que a escola, um ambiente onde se está rodeado por um grande número de pessoas, é um lugar mais importante em termos educativos do que a casa.

JOVEM: Quer dizer que o segredo da educação é o que você chama de conhecimento humano?

FILÓSOFO: Exatamente. Isso vale também para a orientação psicológica. O terapeuta auxilia o cliente na conquista da autossuficiência, e eles refletem juntos sobre o conhecimento humano necessário para a autossuficiência. Você se lembra dos objetivos da psicologia adleriana que discutimos na última vez? Os objetivos comportamentais e os psicológicos?

JOVEM: Sim, lembro. Os objetivos relacionados ao comportamento são os seguintes:

1. Ser autossuficiente;
2. Viver em harmonia na sociedade.

Já os objetivos da psicologia que respaldam esses comportamentos são os seguintes:

1. A consciência de que *eu tenho a capacidade;*
2. A consciência de que *as pessoas são minhas companheiras.*

Em resumo, você está dizendo que esses quatro objetivos são valiosos não só na orientação psicológica como também em um ambiente de educação?

FILÓSOFO: E eles não são menos valiosos para nós, adultos, que vivemos às voltas com a sensação de que a vida é dura. Muitos adultos que não conseguem atingir esses objetivos sofrem em ambientes sociais.

Se a pessoa abandonou o objetivo da autossuficiência, seja ela alguém responsável pela educação, pela orientação psicológica ou pelo coaching profissional, acabará rapidamente forçando a barra.

Devemos estar conscientes dos papéis que desempenhamos. Será que estamos deixando a educação cair em uma espécie de armadilha de "intervenção" compulsória? Ou nos limitando a dar um "apoio" para estimular a autossuficiência? Isso depende da abordagem da pessoa responsável pela educação, pela orientação psicológica ou pelo coaching.

JOVEM: É o que parece. Entendo e concordo com esses ideais elevados. Realmente entendo, mas veja só... Você já tentou esse truque comigo. Não vai funcionar de novo. No final, tudo o que conversamos sempre se transforma em idealismos abstratos. Termina sempre com eu escutando suas palavras inspiradoras e achando que entendi.

Mas meus problemas não são abstratos – eles são bem tangíveis. Em vez de todas essas teorias vazias, preciso de uma teoria prática, pé no chão. Concretamente, que passo devo dar como educador? Refiro-me ao primeiro passo, o mais importante e concreto. Você tem se esquivado desse ponto o tempo todo, não é mesmo? Tudo o que diz me soa muito distante. É como se estivesse sempre falando de uma paisagem remota e não visse a lama a seus pés!

Três anos antes, o jovem tinha ficado espantado e cheio de dúvidas quando o filósofo lhe apresentou as ideias de Adler. Na ocasião, manifestou sua oposição de maneira exacerbada. Agora, no entanto, era diferente. Ele já compreendia razoavelmente bem os modelos da psicologia adleriana e vinha de uma experiência real na sociedade. Pode-se até dizer que, por conta dessa experiência profissional, foi *ele* quem mais aprendeu. Desta vez, o jovem tinha um plano claro. *Concentre-se não no abstrato, mas no concreto. Não na teoria, mas na prática. Não em ideais, mas na realidade. É isso que eu quero saber, além de encontrar os pontos fracos de Adler.*

RESPEITO É VER A PESSOA COMO ELA É

FILÓSOFO: Concretamente, então, por onde devemos começar? Quando a educação, o coaching e o aconselhamento psicológico têm como objetivo a autossuficiência, onde fica a porta de entrada? De fato, isso pode ser uma preocupação. Mas há diretrizes claras aqui.

JOVEM: Sou todo ouvidos.

FILÓSOFO: Há apenas uma resposta: devemos começar pelo respeito.

JOVEM: Respeito?

FILÓSOFO: Sim. Nenhuma outra porta de entrada é possível na educação.

JOVEM: Outra resposta surpreendente! Então, resumindo, o que você está dizendo é: respeite seus pais, respeite seus professores e respeite o seu chefe?

FILÓSOFO: Não. Antes de tudo, em uma sala de aula, *você* respeita as crianças. É assim que tudo começa.

Jovem: Sério? Devo respeitar essas crianças que não conseguem ficar quietas e me ouvir por cinco minutos?

Filósofo: Sim. Poderia ser uma relação entre pai e filho ou no ambiente corporativo, não importa – vale para qualquer relacionamento interpessoal. Primeiro, os pais respeitam o filho, e o chefe, seus subordinados. Os papéis são definidos de tal forma que quem *ensina* respeita quem é ensinado. Sem respeito, nenhuma boa relação interpessoal pode florescer e, sem bons relacionamentos, as palavras não provocam reflexões em ninguém.

Jovem: Está dizendo que eu deveria respeitar todas as crianças problemáticas?

Filósofo: Sim, porque na base de tudo está o respeito às pessoas. O respeito não se limita a indivíduos específicos: estende-se a todos, de familiares e amigos a transeuntes desconhecidos, e mesmo a pessoas de outros países que jamais conheceremos.

Jovem: Ah, outro discurso sobre a moral. Ou sobre religião. Ao dizer isso você me dá uma boa oportunidade. É verdade que a moral está presente no currículo escolar; ela tem esse status. Admito que muita gente acredita nesses valores.

No entanto, considere o seguinte: por que é mesmo necessário falar de moral com as crianças? Porque as crianças são seres imorais por natureza, como todos os seres humanos. O que é "respeitar as pessoas", afinal? Olhe para nós dois, para as profundezas de nossa alma. É de lá que vem o fedor repulsivo e pútrido da imoralidade.

Você prega sobre o que é moral para pessoas imorais. Estou buscando a moral. Isso é uma verdadeira intervenção, é forçar a barra. Você se contradiz o tempo inteiro. Vou repetir: seu idealismo não terá efeito algum em uma situação real. Além disso, como pode esperar que eu respeite essas crianças problemáticas?

FILÓSOFO: Primeiro, também vou repetir: não estou pregando sobre a moral. Segundo, a questão é fazer com que pessoas como você entendam o respeito e o coloquem em prática.

JOVEM: Vamos parar por aqui. Não quero ouvir teorias vazias que evocam a religião. Preciso de exemplos concretos que eu possa pôr em prática amanhã.

FILÓSOFO: O que é respeito? Aqui está uma definição: "Respeito corresponde à capacidade de ver uma pessoa tal como ela é, ter consciência de sua individualidade singular." Essa frase é do psicólogo social Erich Fromm, que se mudou da Alemanha para os Estados Unidos na mesma época que Adler para escapar à perseguição nazista.

JOVEM: Ter consciência de sua individualidade singular?

FILÓSOFO: Sim. Olhar para aquela pessoa, que é insubstituível e absolutamente singular no mundo, vendo-a como ela é. Fromm acrescenta: "Respeito significa se preocupar com que a outra pessoa cresça e se desenvolva como é."

JOVEM: Não entendo.

FILÓSOFO: Não tente mudar ou manipular a pessoa que está ali na sua frente. Aceite-a como ela é, sem estabelecer condições. Não há nada mais respeitoso do que isso. Ao ser aceita pelo outro como é, a pessoa provavelmente se tornará mais corajosa. O respeito também é visto como ponto de partida para o encorajamento.

Jovem: De jeito nenhum. Para mim, respeito não é isso. Respeito é uma emoção parecida com anseio, uma espécie de apelo para nos portarmos à altura de determinada ocasião.

Filósofo: Não. Isso não é respeito; é temor, subordinação e fé. Uma situação de temor ao poder e à autoridade ou de adoração a falsas imagens, sem nenhuma percepção da outra pessoa.

A palavra *respicio*, em latim, está na origem de "respeito" e tem a conotação de "olhar para". Antes de tudo, ver a pessoa como ela é. Você ainda não viu nada, nem tentou ver. Valorize a pessoa pelo que ela é, sem impor seu sistema de valores. Além disso, ajude-a a crescer ou se desenvolver. Isso é respeito. Tentar manipular ou corrigir o outro não tem nada de respeitoso.

Jovem: Se eu aceitar essas crianças problemáticas como são, será que elas mudarão?

Filósofo: Você não tem como controlar isso. Talvez elas mudem, talvez não. Mas, como resultado do respeito que você tem por seus alunos, cada um se aceitará como é e recuperará a coragem de ser autossuficiente. Não há dúvida em relação a isso. Se eles farão ou não uso da coragem recuperada, dependerá de cada um.

Jovem: Então essa é a separação de tarefas?

Filósofo: Sim. Você pode oferecer água, mas não pode obrigá-los a beber. Por mais talentoso que seja como educador, não há garantias de que eles mudarão. Mas é exatamente por não existirem garantias que o respeito é incondicional. Você tem que dar o pontapé inicial. Sem estabelecer nenhuma condição e a despeito dos resultados previstos, precisa dar o primeiro passo.

Jovem: Mas assim nada vai mudar.

Filósofo: Neste mundo, há duas coisas que não podem ser impostas, por mais poderoso que você seja.

Jovem: Quais são elas?

Filósofo: Respeito e amor. Digamos, por exemplo, que o presidente de uma empresa seja um déspota autoritário. Os funcionários certamente seguirão suas ordens. É provável, inclusive, que se comportem de maneira exemplar. Isso se chama submissão baseada no medo, sem um pingo de respeito. O chefe pode gritar "Respeitem-me", mas ninguém agirá por respeito. No fundo, vão se afastar cada vez mais dele.

Jovem: Com certeza.

Filósofo: Além disso, sem respeito mútuo não há um relacionamento entre seres humanos. A empresa comandada por alguém assim apenas agrupa pessoas para trabalhar como se fossem engrenagens. Isso pode dar conta do trabalho mecânico, mas nada substitui o trabalho humano.

Jovem: Bem, chega de conversa fiada. Então, basicamente, o que você está dizendo é que não sou respeitado por meus alunos e é por isso que a turma fica fora de controle?

Filósofo: Se houver medo, mesmo que por pouco tempo, é improvável que exista respeito. É natural que a turma seja indisciplinada. Você ficou de braços cruzados enquanto a situação piorava e agora quer recorrer a medidas autoritárias, usando o poder e o medo para tentar obrigar os alunos a obedecer. Pode ser que funcione por um tempo. Talvez você se sinta aliviado, porque parecerá que eles estão lhe dando ouvidos. No entanto...

JOVEM: Não estão escutando uma única palavra que eu digo.

FILÓSOFO: Isso mesmo. As crianças não estão lhe obedecendo, estão apenas se sujeitando à sua autoridade. Elas não perdem tempo tentando entender você: simplesmente tapam os ouvidos, fecham os olhos e esperam que sua raiva passe.

JOVEM: Acertou em cheio.

FILÓSOFO: Você entrou nesse círculo vicioso porque não deu o primeiro passo: respeitar os alunos, e respeitá-los incondicionalmente.

JOVEM: Quer dizer que, por eu não ter feito esse gesto lá atrás, agora não há nada que eu possa fazer para estabelecer um vínculo com eles?

FILÓSOFO: Exatamente. Você andou gritando para uma sala vazia. Nada vai fazer com que ouçam você.

JOVEM: Tudo bem, entendi. Ainda há muitas questões que preciso refutar, mas por enquanto vou aceitar essa. Agora vamos supor que sua abordagem seja correta, que as relações se baseiem no respeito. Como, então, demonstrar respeito? Você não acha que eu devo colocar um sorriso agradável no rosto e dizer "Oi, eu respeito vocês", acha?

FILÓSOFO: Respeito não é algo que se conquista com palavras. Sempre que um adulto tenta usar esse recurso, as crianças identificam rapidamente a mentira, a tramoia. Quando elas percebem que a pessoa está mentindo, o respeito não é mais possível.

JOVEM: Está bem, está bem. Acertou novamente. Então o que sugere que eu faça? Porque, na verdade, há uma grande contradição na maneira como você fala sobre respeito.

FILÓSOFO: Que contradição é essa?

Comece pelo *respeito*, disse o filósofo. Não apenas a educação, mas todas as relações interpessoais são construídas sobre o respeito. Ninguém presta muita atenção nas palavras de pessoas que não respeita. O jovem concordava com alguns argumentos do filósofo, mas se opunha veementemente à tese de que é preciso respeitar todo mundo – segundo o filósofo, mesmo os alunos problemáticos e os bandidos são dignos de respeito. *Esse sujeito cavou a própria sepultura. Ele caiu em contradição e isso não pode ser ignorado. Portanto, esta é a minha missão: encerrar esse Sócrates na sua caverna.* O jovem passou a língua nos lábios lentamente e continuou.

PREOCUPE-SE COM AS PREOCUPAÇÕES DAS OUTRAS PESSOAS

Jovem: Você não enxerga? Mais cedo afirmou que o respeito nunca pode ser imposto. Concordo plenamente. Depois, sem perder tempo, disse que eu respeitasse os alunos. Não é engraçado? Está tentando me forçar a fazer algo que, aparentemente, não pode ser imposto. Se isso não for uma contradição, então o que é?

Filósofo: É verdade que, se você pinçar apenas essas declarações fora do contexto, elas podem parecer contraditórias. Mas olhe do seguinte ângulo: respeito é uma bola que só pode ser devolvida pela pessoa que a recebeu. Caso contrário, é como atirar uma bola contra a parede. Ela pode voltar, mas nada acontecerá se você ficar de frente para a parede e gritar: "Passe a bola."

Jovem: Não vou deixar você escapar com metáforas mal elaboradas. Quero uma resposta decente. Já que sou eu atirando a bola do respeito, de onde ela vem? A bola não surge do nada.

Filósofo: Verdade. Essa é uma questão importante para entender e aplicar a psicologia adleriana. Lembra-se da expressão "sentido social"?

JOVEM: Claro. Embora eu não possa dizer que entendo completamente o que significa.

FILÓSOFO: É um conceito bem difícil. Voltaremos a ele em outro momento. Agora, eu gostaria que você recordasse o uso que Adler fez da expressão "interesse social", sua tradução para o inglês da expressão alemã "sentido social". Nesse caso, "interesse social" significa nossa preocupação com a sociedade ou, simplificando, nossa preocupação com as outras pessoas que compõem a sociedade.

JOVEM: Então é diferente no original, em alemão?

FILÓSOFO: Sim. O termo em alemão é *Gemeinschaftsgefühl*, que combina a palavra *gemeinschaft* (que significa "relações sociais" ou "comunidade") com a palavra *gefühl* ("sentido" ou "sentimento"), que eu traduzo como "sentido social". Para ser mais fiel ao original alemão, poderíamos traduzir como "sensação de comunidade" ou "senso de comunidade".

JOVEM: Bem, não estou muito interessado nesse tipo de conversa acadêmica, mas e daí?

FILÓSOFO: Pense nisto por um momento. Por que será que, quando Adler apresentou essa ideia de "sentido social" para o mundo de língua inglesa, ele escolheu "interesse social" em vez de "sentido social", que é mais próximo do alemão? Há um importante motivo oculto aqui.

Você lembra que eu disse que, quando Adler sugeriu pela primeira vez o conceito de "sentido social", em Viena, muitos de seus colegas se afastaram dele? Que ele foi combatido e condenado ao ostracismo por pessoas que disseram que aquilo não era ciência, e que ele tinha apresentado o problema do "valor" no campo até então científico da psicologia?

JOVEM: Sim, me lembro disso.

FILÓSOFO: É provável que, graças a essa experiência, Adler tenha compreendido bem a dificuldade de fazer as pessoas entenderem o "sentido social". Portanto, quando chegou a hora de introduzir o conceito no mundo de língua inglesa, ele substituiu "sentido social" por diretrizes comportamentais baseadas na prática real. Ele trocou uma ideia abstrata por algo concreto. Essas diretrizes comportamentais concretas podem ser resumidas nas palavras "preocupação com os outros".

JOVEM: Diretrizes comportamentais?

FILÓSOFO: Sim. Para evitar olhar apenas para o próprio umbigo, e se preocupar com os demais. Se a pessoa seguir essas orientações, chegará naturalmente ao "sentido social".

JOVEM: Não faço a menor ideia do que você está falando. Seu argumento já ficou abstrato de novo. A simples ideia de que haja "diretrizes comportamentais" para nos preocuparmos com as outras pessoas... Concretamente, o que devemos fazer, e como?

FILÓSOFO: Aqui, seria bom evocar a frase de Erich Fromm: "Respeito significa se preocupar com que a outra pessoa cresça e se desenvolva como é." Sem negar ou forçar nada, aceita-se e valoriza-se a pessoa como é. Em outras palavras, cada um de nós protege a dignidade do outro e se preocupa com ela. Você consegue ver em que se baseia esse primeiro passo concreto?

JOVEM: Não. Em quê?

FILÓSOFO: Esta é uma conclusão bastante lógica. Ele se baseia na preocupação com as preocupações das outras pessoas.

JOVEM: Preocupações das outras pessoas?

FILÓSOFO: Por exemplo, as crianças gostam de brincar de uma maneira incompreensível para você. Elas se deixam absorver por passatempos infantis, ilógicos. Às vezes, leem livros que são ofensivos à ordem pública e à moral e se divertem com videogames. Você sabe de que estou falando, não sabe?

JOVEM: Sim. Vejo essas situações quase todos os dias.

FILÓSOFO: Muitos pais e educadores desaprovam essas brincadeiras e tentam oferecer coisas mais "úteis" ou "interessantes". Eles confiscam os livros e brinquedos e só permitem às crianças o que definiram como digno de valor. Fazem isso "para o bem da criança", é claro. Mesmo assim, trata-se de um ato de completo desrespeito, que só aumenta a distância entre pais e filhos, pois desconsidera totalmente as preocupações normais da criança.

JOVEM: Então devo recomendar passatempos inconvenientes?

FILÓSOFO: Não devemos recomendar nada baseados em nossa própria visão. A preocupação deve ser apenas com as preocupações das crianças. Em primeiro lugar, tente entender até que ponto os passatempos delas são inconvenientes do seu ponto de vista e o que eles são realmente. Experimente-os você mesmo e de vez em quando brinque com as crianças. Em vez de simplesmente brincar, tente se divertir com a atividade. Se você conseguir fazer isso, as crianças enfim terão a sensação de que estão realmente sendo reconhecidas, que não estão sendo tratadas como crianças e estão sendo respeitadas como indivíduos.

JOVEM: Mas isso...

FILÓSOFO: Isso não se restringe às crianças. É o primeiro passo concreto do respeito que se busca em todos os relacionamentos interpessoais, seja no local de trabalho, nas relações entre parceiros amorosos ou nas relações internacionais. Precisamos nos preocupar mais com as preocupações das outras pessoas.

JOVEM: Isso é impossível! Talvez você não saiba, mas as preocupações daquelas crianças contêm muita depravação. Coisas indecentes, grotescas e ofensivas. Como adultos, não é nosso papel mostrar o caminho certo?

FILÓSOFO: Não, não é. Em relação ao "sentido social", Adler gostava de dizer que precisamos "ver com os olhos do outro, ouvir com os ouvidos do outro e sentir com o coração do outro".

JOVEM: Não entendi.

FILÓSOFO: Você está tentando ver com seus próprios olhos, ouvir com seus próprios ouvidos e sentir com seu próprio coração. É por isso que se refere às preocupações das crianças com palavras como "indecentes" e "ofensivas". Elas não veem dessa forma. Então qual é a percepção delas? É preciso primeiro entender isso.

JOVEM: Não dá... É demais para mim.

FILÓSOFO: Por quê?

SE TIVÉSSEMOS O MESMO SENTIMENTO E A MESMA VIDA

JOVEM: Você pode ter esquecido, mas eu me lembro bem. Há três anos, você fez uma afirmação do tipo: não vivemos em um mundo objetivo, mas em um mundo subjetivo ao qual atribuímos sentido. A questão em que devemos nos concentrar não é sobre como o mundo é, mas sobre como o vemos. Além disso, não podemos escapar da nossa subjetividade.

FILÓSOFO: Sim, isso mesmo.

JOVEM: Então me diga o seguinte: se não podemos escapar da subjetividade, como podemos ter os olhos do outro, os ouvidos do outro ou até mesmo o coração do outro? Que tal parar de brincar com as palavras?

FILÓSOFO: Esse é um ponto crucial. É verdade que não se pode escapar da subjetividade, muito menos se tornar outra pessoa, é claro. No entanto, é possível imaginar o que aparece aos olhos dos outros e os sons que seus ouvidos captam.
　Adler propõe que, antes de tudo, você pense: "E se eu tivesse o mesmo tipo de sentimento e vida dessa pessoa?" Se fizermos isso, conseguiremos entender que provavelmente estaríamos diante

do mesmo tipo de tarefa. A partir daí, é possível imaginar que lidaríamos com essa tarefa da mesma maneira.

Jovem: O mesmo tipo de sentimento e vida?

Filósofo: Imagine, por exemplo, um aluno que nem sequer tenta estudar. Perguntar a ele "Por que você não estuda?" é uma atitude totalmente desrespeitosa. Em vez disso, reflita: "E se eu sentisse a mesma coisa que ele? E se tivesse a mesma vida que ele?" Resumindo, imagine como seria se você tivesse a mesma idade do aluno, morasse na mesma casa que ele e tivesse os mesmos amigos, interesses e preocupações. Se você fizer esse exercício, será capaz de imaginar o tipo de comportamento que seu ego adotaria ao ser confrontado com a missão de estudar, ou entender por que se recusaria a estudar. Sabe como se chama esse tipo de comportamento?

Jovem: Fantasioso?

Filósofo: Não. Isso é o que chamamos de "empatia".

Jovem: Empatia? É esse o nome que vocês dão ao ato de imaginar como seria ter o mesmo sentimento e a mesma vida?

Filósofo: Sim. Em geral, considera-se empatia o fato de alguém concordar com a opinião de outra pessoa e compartilhar seus sentimentos. Na verdade, isso é apenas compreensão, não empatia. A empatia é uma habilidade, uma postura que se assume ao caminhar lado a lado com o outro.

Jovem: A empatia é uma habilidade?

Filósofo: Exatamente. Já que é uma habilidade, é algo que você pode adquirir.

Jovem: E não é que isso é interessante? Ok. Então quero que você explique por que a empatia é uma habilidade. Como se pode conhecer o sentimento e a vida do outro, ou seja lá como você chama isso? Ouvindo cada um pessoalmente? Ah, não tem como aprender essas coisas.

Filósofo: É exatamente por isso que nos preocupamos com as preocupações das outras pessoas. Não devemos apenas observar à distância. É preciso mergulhar na situação. Você está em um lugar alto, sem descer ao nível do outro e fazendo comentários como "Não tem como fazer isso" ou "Há uma barreira". Não existe respeito nisso, muito menos empatia.

Jovem: Você está errado. Totalmente errado.

Filósofo: O que há de errado nisso?

A CORAGEM É CONTAGIOSA, ASSIM COMO O RESPEITO

Jovem: Claro, se eu brincasse com os meus alunos, eles poderiam gostar mais de mim. Talvez ficassem bem impressionados e se sentissem mais próximos. Mas, se eu descer ao nível de me tornar um amigo para essas crianças, educá-las será ainda mais difícil.

É triste dizer, mas essas crianças não são anjos. São minidemônios. Toda vez que eu pego leve, se aproveitam de mim e se sentem no comando da situação, logo saem totalmente do controle. Isso que você descreve não passa de uma fantasia com anjos que nem sequer existem neste mundo.

Filósofo: Eu criei dois filhos sozinho. E há muitos jovens que não conseguem se adaptar à educação escolar e vêm a este gabinete para uma sessão de aconselhamento. Como você mesmo diz, crianças não são anjos. São seres humanos.

No entanto, precisamente porque são humanos, é preciso ser o mais respeitoso possível. Não devemos desdenhar deles nem bajulá-los. Devemos interagir como iguais e ter empatia por seus interesses e preocupações.

Jovem: Sinto muito, mas a justificativa para ser respeitoso não me convence. Basicamente, o que você chama de "respeitá-los" é apenas acariciar seus egos, certo? É exatamente esse tipo de ideia que é degradante para as crianças.

FILÓSOFO: Parece que você compreende apenas metade do que eu digo. Não estou buscando o seu respeito. Quero que você ensine a seus alunos o que é respeito.

JOVEM: Como assim?

FILÓSOFO: Por meio de sua experiência pessoal, mostre o que é ter respeito. Mostre o caminho para a construção do respeito, que é a pedra angular de uma relação interpessoal. Faça com que eles vejam como pode ser um relacionamento baseado no respeito. Segundo Adler, "a covardia é contagiante, assim como a coragem". Naturalmente, o respeito também se torna contagiante.

JOVEM: A coragem e o respeito são contagiantes?

FILÓSOFO: Sim. E tudo começa com você. Mesmo que ninguém o entenda ou ajude, você precisa, primeiro, carregar a tocha e demonstrar coragem e respeito. Sua tocha vai iluminar no máximo alguns metros ao seu redor. Pode parecer que está sozinho, à noite, em uma estrada deserta, mas a luz que você carrega alcançará os olhos de alguém a centenas de metros de distância. Essa pessoa então saberá que, se ela caminhar naquela direção, alguém estará lá, a luz estará lá, o caminho estará lá. Com o tempo, dezenas e depois centenas de luzes se reunirão ao seu redor. Luzes brilhando nas mãos de centenas de companheiros.

JOVEM: Que tipo de alegoria é essa? Estou supondo que você quer dizer o seguinte: o papel atribuído a nós, educadores, é o de respeitar as crianças, mostrar-lhes o que é respeito e ensiná-las a respeitar. Entendi direito?

Filósofo: Sim. Esse é o primeiro passo, não só na educação, mas em todo tipo de relação interpessoal.

Jovem: Nada disso. Não me importa quantas crianças você criou ou quantas pessoas aconselhou, porque você é um filósofo que vive trancado em seu gabinete. Não sabe nada sobre a sociedade ou sobre a escola no mundo real e moderno.

Veja, o que as pessoas esperam da educação escolar, e da sociedade capitalista, não são essas coisas ligadas a caráter pessoal, algum obscuro "conhecimento humano" ou seja lá o que for. Os pais e responsáveis, assim como a sociedade, buscam resultados reais. Caso se refira ao lugar onde a educação acontece, então o que procuramos é o progresso escolar.

Filósofo: Imagino que sim.

Jovem: Educadores que não produzem melhora no desempenho escolar são considerados inadequados como professores, independentemente de quanto os alunos gostem deles. É como um negócio deficitário mantido por um grupo de amigos. Por outro lado, o educador que contribui para o avanço escolar e mantém seus alunos sob controle será aclamado.

Mas ainda não chegamos à questão principal. Mesmo os estudantes que foram repreendidos com rigor e de maneira contínua dirão mais tarde "Muito obrigado por terem sido tão rigorosos comigo naquela época", e expressarão sua gratidão. Eles reconhecerão que o tratamento rigoroso os fez estudar e que o meu rigor era um "chicote amoroso", por assim dizer. Chegarão ao ponto de me agradecer por isso. Como você explica essa realidade?

Filósofo: Naturalmente, eu diria que essa história é bastante possível. Na verdade, pode-se mesmo considerá-la um modelo de caso perfeito para reaprender as teorias da psicologia adleriana.

Jovem: Ah, então você está dizendo que isso tem explicação?

Filósofo: Tendo em mente as conversas que tivemos há três anos, vamos nos aprofundar um pouco mais na psicologia adleriana. Há muito a estudar.

"Sentido social": um conceito-chave da psicologia adleriana, e o mais difícil de entender. O filósofo refere-se a ele como "ver com os olhos do outro, ouvir com os ouvidos do outro e sentir com o coração do outro". Isso requer a habilidade chamada empatia, cujo primeiro passo é se preocupar com as preocupações das outras pessoas. Na teoria, faz sentido, mas será que é função do educador entender verdadeiramente as crianças? O filósofo não estaria, mais uma vez, apenas brincando com as palavras? O jovem olhou fixamente para o filósofo que usava palavras como "reaprender".

A VERDADEIRA RAZÃO PELA QUAL AS PESSOAS NÃO CONSEGUEM MUDAR

JOVEM: Diga-me, o que eu deveria reaprender sobre Adler?

FILÓSOFO: Quando você observar o próprio discurso e a própria conduta, bem como o discurso e a conduta das outras pessoas, pense nas metas que eles escondem. Essa é a abordagem básica na psicologia adleriana.

JOVEM: Sei... É a teleologia, certo?

FILÓSOFO: Você é capaz de dar uma explicação simples sobre isso?

JOVEM: Posso tentar. Independentemente do que possa ter ocorrido antes, nada é determinado pelo passado. Da mesma forma, não importa se houve traumas, porque os seres humanos não são movidos por causas passadas, mas sim por metas atuais. Imagine, por exemplo, que a pessoa diga: "Meu ambiente familiar era ruim, por isso tenho uma personalidade depressiva." Isso é uma mentira. A verdade é que essa pessoa tem um objetivo, que pode ser "Não quero sofrer por me envolver com outras pessoas", e, para alcançá-lo, escolhe uma "personalidade depressiva" que não se envolve com ninguém. Então, como uma desculpa para ter escolhido tal personalidade, ela recorre a seu antigo ambiente familiar. É mais ou menos isso, certo?

FILÓSOFO: Sim. Por favor, continue.

JOVEM: Resumindo, eventos passados não determinam o que somos. No entanto, o significado que damos a esses eventos determina nossas vidas.

FILÓSOFO: Isso mesmo.

JOVEM: Então você está dizendo mais ou menos o seguinte: o que aconteceu na sua vida até agora não tem nenhuma influência na forma como você vive daqui para a frente. E também que você, vivendo no aqui e agora, é o único que toma decisões sobre a própria vida. Entendi algo errado?

FILÓSOFO: Não, você não entendeu nada errado. Nós, seres humanos, não somos tão frágeis a ponto de ficarmos à mercê de traumas passados. As ideias de Adler se baseiam na crença na dignidade e no potencial humano, em que os *seres humanos podem exercitar a autodeterminação a qualquer momento*.

JOVEM: Sim, sei disso. A questão é que não consigo desconsiderar a força das causas. É difícil pensar em tudo como meras metas. Mesmo que eu tivesse a meta de não me envolver com outras pessoas, teria que haver alguma causa que justificasse essa meta. Para mim, a teleologia não é uma verdade absoluta, ainda que seja um ponto de vista revolucionário.

FILÓSOFO: Certo. Esta conversa, hoje à noite, pode mudar alguma coisa ou não. A decisão é sua e eu não vou forçar nada. Agora, por favor, escute isto como uma maneira de pensar.

Somos seres capazes de autodeterminação a qualquer momento, capazes de escolher novos "eus". Mas não é tão fácil mudar a si mesmo. A pessoa pode ter um forte desejo de mudança e não conseguir. Por que você acha que isso acontece?

JOVEM: Porque ela não quer realmente mudar?

FILÓSOFO: Isso meio que resume tudo, e está ligado à questão "O que é mudar?". Se quisermos extrapolar e usar um termo radical, fazer mudanças é "a própria morte".

JOVEM: A própria morte?

FILÓSOFO: Imagine, por exemplo, que você está descontente com sua vida neste momento. Vamos dizer que gostaria de mudar. Mas mudar significa desistir do que você foi até agora, negar a si mesmo e nunca mais mostrar essa face, como se estivesse sepultando uma versão de si mesmo. Porque, depois de fazer isso, você vai enfim renascer.

Agora, independentemente do seu nível de insatisfação com a situação atual, você escolheria a morte? Poderia se atirar no abismo escuro? Não é algo fácil de abordar. É por isso que as pessoas não tentam mudar. Querem se sentir bem com as coisas como são, não importa quanto esteja difícil a vida. Vivem em busca de elementos que reafirmem sua situação atual.

JOVEM: Humm...

FILÓSOFO: Portanto, quando alguém está tentando ativamente

valorizar "o seu eu de agora", que efeito você acha que isso terá sobre o passado dessa pessoa?

JOVEM: Em outras palavras...

FILÓSOFO: Há apenas uma resposta. Ela resumiria seu passado dizendo: "Já passei por muita coisa, mas ficou tudo bem."

JOVEM: Para reafirmar o momento atual, a pessoa reafirma o passado infeliz.

FILÓSOFO: Sim. As pessoas que você mencionou anteriormente, que transmitem sua gratidão dizendo "Muito obrigado por ter me repreendido tão duramente naquela época", estão na realidade tentando ativamente valorizar "o seu eu de agora". O resultado é que todo o passado delas se transforma em boas lembranças. As palavras de agradecimento endereçadas a você não são suficientes para reconhecer a educação autoritária que tiveram.

JOVEM: Como querem se sentir bem consigo mesmas, transformam o passado em boas lembranças. É curioso. Como estudioso da psicologia, essa é uma linha muito interessante de investigação. No entanto, não concordo com suas interpretações. Quer saber por quê? Eu sou a prova. Não me encaixo nesse modelo de jeito nenhum. Até hoje sinto ressentimento por todos os professores rígidos e irracionais que tive no ensino fundamental e no ensino médio, e, certo ou errado, não sou grato a eles. Não há nenhuma possibilidade de a minha vida escolar – que, para mim, foi como estar em uma prisão – se transformar em uma boa lembrança.

FILÓSOFO: Deve ser porque você não está satisfeito com "o seu eu de agora".

Jovem: O que você disse?

Filósofo: Serei mais direto: para justificar "o seu eu de agora", que está longe do ideal, você está pintando todo o seu passado no mesmo tom de cinza. Está tentando pensar nisso como sendo "culpa daquela escola", ou "porque aquele professor estava lá". E, então, se cerca de suposições: "Se tivesse ido à escola ideal e conhecido o professor ideal, não seria assim."

Jovem: Você está sendo grosseiro! Em que baseia essas suposições?

Filósofo: Tem certeza de que estou fazendo suposições? Porque a questão não é se algo aconteceu no passado, mas qual é o significado que "o seu eu de agora" atribui a esse passado.

Jovem: Retire isso! O que você sabe sobre mim?

Filósofo: Olhe, em nosso mundo não existe "passado" no sentido real da palavra. Ele é apenas uma cor na infinita variedade de tons do "agora", cada um com as próprias interpretações.

Jovem: O passado não existe neste mundo?

Filósofo: Exatamente. O passado não é irrecuperável. Ele simplesmente *não existe*. Enquanto não alcançarmos esse entendimento, não poderemos nos aproximar da essência da teleologia.

Jovem: Droga, isso é irritante. Você faz suposições e depois diz que o passado não existe! Dispara mentiras inconsistentes a torto e a direito e depois vem com conversa fiada. Vou me divertir apontando essas inconsistências!

SEU AGORA DECIDE O PASSADO

Filósofo: Realmente, é difícil aceitar esse argumento. Mas, se você se concentrar nos fatos com tranquilidade, tenho certeza de que vai concordar. Porque não há outro caminho aqui.

Jovem: Bem, a sensação que eu tenho é a de que sua paixão pelas ideias abriu um buraco na sua cabeça. Se você diz que o passado não existe, então como explica a história? Será que seus amados Sócrates e Platão não existiram? Se é isso que está sugerindo, será ridicularizado como inimigo da ciência.

Filósofo: A história é uma narrativa continuamente manipulada pelos poderes de cada época, com grande habilidade. A lógica dos poderosos diz o seguinte: "Eu é que sou justo." Todas as cronologias e todos os livros de história são compilações apócrifas com a finalidade de provar a legitimidade dos que estão no poder.

    Na história, o agora é sempre o mais correto. Sempre que uma autoridade é destituída, o novo governante reescreve novamente o passado. Mas o faz com o propósito de explicar a própria legitimidade. Portanto, o passado, no sentido mais básico da palavra, não existe.

Jovem: Mas...

Filósofo: Por exemplo, imagine que um grupo armado de determinado país está planejando um golpe de Estado. Se eles forem eliminados e a tentativa de golpe fracassar, serão difamados nos livros de história como traidores. Por outro lado, se o golpe de Estado for bem-sucedido e o governo cair, seus nomes serão lembrados na história como heróis que combateram a tirania.

Jovem: Isso porque a história sempre é reescrita pelos vencedores?

Filósofo: O mesmo acontece conosco, como indivíduos. Cada pessoa compila uma história do próprio eu, reescrevendo o passado como quiser para provar a legitimidade do "eu de agora".

Jovem: Não. É diferente com o indivíduo. O passado do indivíduo, sua memória, está na esfera da neurociência. Não se meta nisso. Um filósofo desatualizado como você não entende nada desse assunto.

Filósofo: No que diz respeito à memória, pense da seguinte forma: inúmeros eventos ocorreram no passado de uma pessoa. Ela, porém, escolhe apenas aqueles que são compatíveis com as metas atuais, atribui significado a eles e os transforma em memórias. Os acontecimentos que contrariam as atuais metas são apagados.

Jovem: Hein?

Filósofo: Ok, vou dar um exemplo de meu trabalho como orientador psicológico. Uma vez, um homem que eu estava atendendo se lembrou de um incidente de sua infância no qual um cachorro o atacou e mordeu sua perna. Aparentemente, sua mãe o havia advertido várias vezes: "Se você vir um cão de rua, fique parado, porque se correr ele vai persegui-lo." Então um dia ele se deparou com um cachorro no acostamento da estrada. O amigo que o acompanhava fugiu, mas ele obedeceu às instruções da mãe e ficou imóvel. O cachorro o atacou e mordeu sua perna.

JOVEM: Você acha que essa memória era uma mentira que ele inventou?

FILÓSOFO: Não. Provavelmente é verdade que ele foi mordido. No entanto, alguma coisa aconteceu depois do ataque. Ao longo de várias sessões de terapia, ele se lembrou da continuação da história. Estava curvado de dor após ser mordido pelo cachorro quando um homem que passava em uma bicicleta parou, o ajudou a se levantar e o levou para o hospital.

Na fase inicial da terapia, o estilo de vida ou a visão de mundo desse homem parecia pintar o mundo como um lugar ameaçador e as pessoas como inimigas. Para ele, a memória de ter sido mordido por um cachorro era um acontecimento cujo significado era: "O mundo é cheio de perigos." No entanto, pouco a pouco, à medida que ele começou a ver o mundo como um lugar seguro e as pessoas como suas companheiras, episódios que confirmavam essa maneira de pensar começaram a voltar à sua memória.

JOVEM: Humm.

FILÓSOFO: Você já foi mordido por um cachorro? Ou foi ajudado por outra pessoa? A razão pela qual a psicologia adleriana é considerada uma "psicologia útil" é este aspecto de "ser capaz de escolher a própria vida". O passado não decide o agora. É o seu agora que decide o passado.

"AQUELA PESSOA MALVADA" E "COITADINHO DE MIM"

Jovem: Então escolhemos nossa vida e nosso passado?

Filósofo: Sim. Provavelmente não há ninguém que tenha uma vida sem problemas. Toda pessoa enfrenta dificuldades e experiências tristes, é tratada de maneira intolerável e sofre grandes decepções. Então por que algumas se referem às tragédias como "lições" ou "memórias", enquanto outras permanecem presas a tais eventos e os consideram traumas incontestáveis?

Isso não é ficar preso ao passado. A pessoa precisa daquele passado marcado pela infelicidade. Embora possa soar rude, pode-se dizer que ela está se embebedando com o vinho barato da tragédia para tentar esquecer a amargura de um presente infeliz.

Jovem: "Vinho barato da tragédia"?! Você apenas repete a lógica do mais forte, do vencedor. Não conhece a dor dos oprimidos. Está insultando os oprimidos.

Filósofo: Não, você está errado. É porque acredito no potencial humano que sou contra me embebedar com a tragédia.

Jovem: Olhe, não era minha intenção descobrir que tipo de vida você teve, mas acho que comecei a entender. Basicamente, sem nunca ter passado por um grande revés ou enfrentado algo absurdamente irracional, você mergulhou numa filosofia nebulosa. É por isso que consegue tratar as cicatrizes emocionais das pessoas como se elas não valessem nada. Você foi muito abençoado.

FILÓSOFO: Parece que você está tendo dificuldade em aceitar isso. Bem, vamos tentar de outra maneira. Este aqui é um prisma triangular que de vez em quando usamos nas sessões de terapia.

JOVEM: Parece interessante. Por favor, explique.

FILÓSOFO: Este prisma triangular representa nossa psique. De onde você está sentado, deve ser possível ver apenas dois dos três lados. O que está escrito nesses lados?

JOVEM: Um lado diz "Aquela pessoa malvada", e o outro, "Coitadinho de mim".

FILÓSOFO: Certo. A maioria das pessoas que faz terapia começa falando sobre uma coisa ou outra. Elas se queixam da infelicidade que se abateu sobre elas, do ódio por quem as atormenta e da sociedade que as rodeia.
Isso não acontece apenas na orientação psicológica. Ao conversar com familiares e amigos, ou quando oferecemos apoio a alguém, não é fácil ter consciência do que está em pauta naquele momento. No entanto, ao ver a situação dessa forma, fica claro que se está falando realmente apenas dessas duas coisas. Soa familiar, não é?

JOVEM: Culpar "aquela pessoa malvada" ou apelar para o "coitadinho de mim". Acho que você pode colocar dessa forma...

Filósofo: Não é sobre isso que deveríamos estar conversando um com o outro. Não importa quanto você busque aprovação da sua postura em relação "àquela pessoa malvada" ou se queixe do "coitadinho de mim". Mesmo que isso traga algum conforto temporário, não levará a uma solução de verdade.

Jovem: Então o que podemos fazer?

Filósofo: O prisma triangular tem um terceiro lado que está fora de seu campo de visão agora. O que você acha que está escrito nesse lado?

Jovem: Ei, pare com as adivinhações e me mostre de uma vez.

Filósofo: Está bem. Por favor, leia em voz alta o que diz lá.

O filósofo mostrou um pedaço de papel dobrado em forma de prisma triangular. De onde o jovem estava sentado, podia ver apenas duas das três faces do triângulo. Em uma, estava escrito "Aquela pessoa malvada", e na outra, "Coitadinho de mim". Segundo o filósofo, as pessoas ansiosas sempre se queixam de uma coisa ou da outra. Então o filósofo girou lentamente o prisma com os dedos finos e revelou o que havia no terceiro lado – palavras que surpreenderam o coração do jovem.

A PSICOLOGIA ADLERIANA
NÃO É MÁGICA

Jovem: ...!

Filósofo: Leia em voz alta o que está escrito.

Jovem: "O que devo fazer de agora em diante?"

Filósofo: Pois então, esta é precisamente a questão que devemos abordar: "O que devo fazer de agora em diante?" Não precisamos "daquela pessoa malvada" nem de algo parecido. Muito menos do "coitadinho de mim". Por mais que você venha a reclamar deles, vou simplesmente ignorar.

Jovem: Você é desumano.

Filósofo: Veja, não vou ignorar por indiferença. Vou ignorar porque não há nada ali que mereça ser objeto da nossa conversa. Se eu ouvisse as histórias sobre "aquela pessoa malvada" ou "coitadinho de mim" e me solidarizasse com a situação, dizendo algo como "Deve ter sido difícil" ou "Não é sua culpa", é verdade que você poderia obter um alívio temporário. Talvez até ficasse satisfeito com a sessão de terapia, congratulando-se por ter procurado aquele terapeuta.

Mas como isso mudaria as coisas no dia seguinte, e nos próximos? Da próxima vez que sofresse, será que não iria à terapia simplesmente para obter mais consolo? Isso não é dependência? É por isso que, na psicologia adleriana, conversamos sobre o que se deve fazer de agora em diante.

JOVEM: Se você acredita que eu deveria refletir sobre o meu "de agora em diante", então primeiro preciso saber sobre o "até agora".

FILÓSOFO: Não. No momento, você está diante de mim. Basta saber isso, que está diante de mim, e, em tese, não há nenhuma maneira de eu conhecer "seu eu anterior". Repito, o passado não existe. O passado de que você fala não passa de uma história habilmente compilada pelo seu "eu de agora". Por favor, entenda esse ponto.

JOVEM: De jeito nenhum. Você está apenas juntando trechos soltos da teoria e me repreendendo para que eu pare de reclamar. Está usando a lógica da arrogância e da força, sem qualquer consideração pela fragilidade humana, sem nem mesmo tentar compreender essa fragilidade.

FILÓSOFO: Não é nada disso. Por exemplo, é comum que psicólogos como eu apresentem esse prisma triangular ao cliente e façam o seguinte pedido: "Seja qual for o tema, por favor, vire o triângulo para me mostrar sobre o que vai falar." Muitas pessoas escolhem "O que devo fazer de agora em diante?" e depois se aprofundam na questão.

JOVEM: Por vontade própria?

FILÓSOFO: Em outras linhas de aconselhamento, há abordagens do estilo terapia de choque que tentam provocar explosões emocionais ao mergulhar fundo no passado. Mas não há necessidade de recorrer a essas práticas.

Não somos ilusionistas nem mágicos. Repito que não há nada de mágico na psicologia adleriana. Trata-se de uma psicologia construtiva e científica do conhecimento humano, que não se baseia em mistérios ou mágicas, mas sim no respeito às pessoas – isso é a psicologia adleriana.

JOVEM: Uau... Você está extrapolando de novo, e ainda por cima usando a palavra "científica".

FILÓSOFO: É fato.

JOVEM: Está certo. Por enquanto, vou aceitar suas palavras. Agora vamos começar a falar sobre o que considero realmente o maior problema: o meu "de agora em diante". Meu futuro como educador.

PARTE II

Por que negar recompensa e punição?

O DIÁLOGO COM O FILÓSOFO NÃO SE encerraria tão facilmente, o jovem percebeu. Ele tinha que admitir: aquele velho Sócrates era um oponente formidável, ainda mais com todas as teorias abstratas que ele continuava apresentando. Porém, o jovem ainda achava que levaria a melhor no final. *Tire a discussão deste pequeno gabinete o mais rápido que puder e leve-a para a sala de aula. Teste-a no mundo real. Não quero criticá-lo de maneira arbitrária. Mas o que ele diz não passa de um monte de teorias fantasiosas, totalmente divorciadas da realidade, e eu quero trazer tudo para o mundo real, para a vida das pessoas.* O jovem puxou uma cadeira e respirou fundo.

A SALA DE AULA É UMA NAÇÃO DEMOCRÁTICA

JOVEM: Neste mundo, o passado não existe. Ninguém deve se embriagar com o vinho barato da tragédia. O único ponto relevante da nossa conversa é: "O que deve ser feito de agora em diante?" Ok, concordo com essa premissa. O problema que enfrentarei daqui para a frente, eu suponho, é o tipo de ensino que devo praticar na escola onde trabalho. É isso que quero discutir agora. Você concorda?

FILÓSOFO: Com certeza.

JOVEM: Certo. Há pouco você disse que o primeiro passo concreto é: "Comece com o respeito." Minha pergunta é sobre isso. Você acha que agir com respeito em sala de aula resolverá tudo? Ou seja, os alunos deixarão de criar problemas?

FILÓSOFO: Não será suficiente. Ainda haverá problemas.

JOVEM: Será que terei que gritar com eles? Porque ainda estão se comportando mal e incomodando os outros alunos.

FILÓSOFO: Não, você não deve repreendê-los.

Jovem: Então está dizendo que eu devo simplesmente deixar que eles se comportem mal bem debaixo do meu nariz e cruzar os braços? Isso equivale a dizer que um ladrão não deve ser preso e punido, não acha? Será que Adler aceitaria tamanha anarquia?

Filósofo: O pensamento de Adler não ignora leis ou regras. Quero dizer, desde que sejam regras criadas por meio de um processo democrático. Isso é um ponto extremamente importante, tanto na sociedade em geral quanto no ambiente da sala de aula.

Jovem: Processo democrático?

Filósofo: Sim. Pense na sua sala de aula como uma nação democrática.

Jovem: Hã? Como assim?

Filósofo: A soberania de uma nação democrática reside em seu povo, certo? Esse é o princípio da "soberania nacional", sendo que "o poder soberano está nas mãos do povo". O povo, que é soberano, estabelece todas as regras com base no consentimento mútuo, e essas regras são aplicadas igualmente a todos os cidadãos. É por essa razão que eles seguem as regras. Em vez de meramente obedecê-las, o povo pode segui-las de maneira mais ativa porque as reconhece como "suas regras".

Por outro lado, o que acontece quando as regras são ditadas pelo julgamento solitário de alguém, não com base no consenso entre os cidadãos, e quando, além disso, são aplicadas de forma muito desigual?

Jovem: Bem, pode apostar que as pessoas não se sujeitarão a isso.

FILÓSOFO: Então, para reprimir uma revolta, o governante não teria escolha a não ser exercer os poderes tangíveis e intangíveis. Isso é algo que diz respeito não apenas à nação, mas à corporação e à família. Uma organização em que alguém usa seu poder para reprimir baseia-se em uma irracionalidade.

JOVEM: Humm. Entendo.

FILÓSOFO: O mesmo vale para a sala de aula-nação. Lá, o soberano não é o professor, mas os alunos. E as regras da sala de aula devem ser estabelecidas por consenso entre os alunos, que são soberanos. Vamos começar por esse princípio.

JOVEM: Como sempre, você está complicando as coisas. Então sugere que os alunos tenham permissão para administrar a si mesmos? Nossa escola já tem um sistema regular de autogestão em vigor, com um conselho estudantil, etc.

FILÓSOFO: Não, estou falando sobre algo mais fundamental. Se, por exemplo, pensarmos na sala de aula como uma nação, então os estudantes são os cidadãos. Qual seria a posição do professor nesse cenário?

JOVEM: Bem, se para você os alunos são cidadãos, imagino que o professor seria o primeiro-ministro ou o presidente. Um líder.

FILÓSOFO: Mas há algo que não se encaixa. Você foi escolhido pelos alunos em alguma eleição? Se fosse chamado de presidente sem ter passado por uma eleição, não seria uma nação democrática, mas uma ditadura.

JOVEM: Acho que sim. Do ponto de vista da lógica.

Filósofo: Não estou falando de lógica, mas de realidade. A sala de aula não é uma ditadura comandada pelo professor. É uma nação democrática, na qual cada aluno é soberano. O professor que se esquece desse princípio instaura uma ditadura sem nem sequer se dar conta.

Jovem: Está insinuando que tenho tendências fascistas?

Filósofo: Em termos radicais, sim. O fato de ter perdido o controle de sua turma não é problema de seus alunos individualmente. E você está suficientemente qualificado como professor. A situação ali é semelhante à de uma ditadura corrupta – é por isso que ela saiu do controle. Uma organização comandada por um ditador não consegue escapar da corrupção.

Jovem: Pare de fazer acusações. Baseado em que você faz essas críticas?

Filósofo: Os motivos são muito claros. Têm a ver com esse sistema de "recompensa e punição" que você afirma ser necessário.

Jovem: De que está falando?

Filósofo: Você gostaria de falar sobre isso, não é? Sobre a questão do elogio e da repreensão.

Jovem: É engraçado que você esteja provocando o confronto. Porque tenho bastante experiência como professor, especialmente em salas de aula. Você vai ter que se retratar dessas acusações tão grosseiras, pode contar com isso.

Filósofo: Tudo bem, vamos discutir isso a fundo.

NÃO REPREENDA E NÃO ELOGIE

Jovem: Adler proíbe recompensa e punição. Ele aconselha a não repreender e a não elogiar. Por que Adler defende tal absurdo? Será que percebia a enorme diferença que existe entre o ideal e a realidade? É isso que quero saber.

Filósofo: Entendo. Só para ter certeza, você acha necessário repreender e elogiar?

Jovem: Claro que sim. Mesmo que meus alunos não gostem de mim por causa disso, ainda assim preciso repreendê-los. Eles têm que corrigir seus erros. Sim, vamos começar respondendo se é certo ou errado repreender.

Filósofo: Pois bem, por que não se deve repreender uma pessoa? Talvez seja melhor analisar isso conforme a situação. Primeiro, pense em um garoto que se comportou mal. Pode ter feito algo perigoso, que prejudique outra pessoa ou, ainda, se aproxime de um ato criminoso. Por que diabos o garoto agiu assim? Podemos considerar a possibilidade de que ele não soubesse que era algo ruim.

Jovem: Como assim, não soubesse?

Filósofo: Vou usar minha história como exemplo. Quando eu

era criança, levava sempre uma lupa comigo. Eu encontrava insetos e plantas e analisava tudo com a lente. Passava o tempo todo observando mundos invisíveis a olho nu, absorvido com aquilo, como um entomologista.

JOVEM: Também tive essa fase.

FILÓSOFO: Mais tarde, porém, descobri um uso completamente diferente para a lupa. Eu capturava a luz do sol através dela e direcionava a um pedaço de papel preto. Não é que o papel começava a soltar uma fumaça e logo estava queimando? Testemunhar esse milagre da ciência, que mais parecia um truque de mágica, me deixava empolgado. Eu não conseguia mais pensar na lupa apenas como uma lente de aumento.

JOVEM: Isso era o máximo! Também gostei mais dessa experiência do que de ficar rastejando no chão observando insetos. Uma lupa pode nos inspirar a contemplar o poder do sol, até mesmo do universo. É o primeiro passo no mundo da ciência.

FILÓSOFO: Pois então. Em um dia quente de verão, eu estava brincando com isso. Tinha colocado uma folha de papel preto no chão e estava focando a luz com a lupa, como sempre fazia, quando avistei, com o canto do olho, uma formiga solitária. Era uma formiga grande e robusta, com um exoesqueleto preto. Eu já estava entediado com o papel preto, então o que fiz com a formiga preta e a lupa? Acho que não preciso ser explícito.

JOVEM: Sei como é. As crianças podem ser cruéis.

FILÓSOFO: Sim. As crianças muitas vezes exibem esse tipo de brutalidade, matam insetos para se divertirem. Mas serão mesmo cruéis? Será que elas andam por aí com um "comportamento agressivo" latente, como diria Freud? Acho que não. As crianças não são cruéis – elas simplesmente não sabem. Não sabem quão valiosa é a vida nem conhecem o sofrimento das outras pessoas.

Portanto, há uma coisa que os adultos devem fazer. Se as crianças não sabem, ensine-as. Mas não precisa usar palavras de recriminação. Por favor, não se esqueça deste princípio. Elas não estavam decididas a se comportarem mal – apenas não sabiam.

Jovem: Você está dizendo que não se trata de agressão ou brutalidade, e sim de um crime decorrente da ignorância?

Filósofo: Uma criança que brinca nos trilhos do trem pode não perceber que está fazendo algo perigoso. Outra que grita em um lugar público pode não saber que está incomodando. Todo mundo começa sem saber das coisas. Você não acha insensato recriminar duramente uma pessoa se ela não sabe que o que está fazendo é errado?

Jovem: Com certeza, se ela de fato não souber...

Filósofo: De adultos como nós espera-se ensinamento, não reprimendas. Com palavras sensatas, sem perder a calma ou levantar a voz. Você consegue agir assim.

Jovem: Se esse fosse o único exemplo, então você estaria certo. Porque você não vai aceitar de jeito nenhum a própria brutalidade ao matar aquela formiga, certo? Mas essa não é uma linha de raciocínio aceitável para mim. Parece que vai ficar entalada na minha garganta, como um xarope enjoativo. Sua compreensão das pessoas é muito ingênua.

FILÓSOFO: O que isso tem de ingênuo?

JOVEM: Crianças que estão na educação infantil são outra história, mas no ensino fundamental elas já têm plena consciência do que fazem. Sabem muito bem o que é proibido e o que é considerado imoral. Pode-se dizer que essas crianças se comportam mal como se fossem prisioneiras da consciência. Elas têm que ser duramente punidas por suas transgressões. Eu gostaria que você parasse com essa dissimulação, parasse de fingir que elas são anjos inocentes.

FILÓSOFO: De fato, muitas crianças com problemas de comportamento sabem exatamente que aquilo que estão fazendo é errado. Esse talvez seja o caso da maioria. Você nunca achou isso estranho? Elas se comportam de maneira problemática não apenas sabendo que é errado, mas tendo a noção de que serão repreendidas pelos pais e professores. É bem irracional.

JOVEM: É simplista, isso sim. Elas entenderiam caso se acalmassem e pensassem sobre o que estão fazendo, mas não conseguem agir assim.

FILÓSOFO: Será que é mesmo esse o caso? Você não vê que lá no fundo elas têm outra mentalidade?

JOVEM: Então elas se comportam mal mesmo sabendo que serão repreendidas? Até as crianças que choram quando são repreendidas?

FILÓSOFO: Certamente não seria uma perda de tempo e esforço considerar essa possibilidade. Na psicologia adleriana contemporânea, identificamos no comportamento problemático humano cinco estágios, cada um deles com o próprio estado mental atuando em segundo plano.

JOVEM: Ah, finalmente você está entrando na seara da psicologia!

FILÓSOFO: Você precisa compreender os cinco estágios do comportamento problemático para saber se a repreensão é certa ou errada.

JOVEM: Vamos ouvir, então. Quero ver quanto você realmente compreende as crianças e o ambiente educacional atual.

O raciocínio do filósofo não fazia sentido algum. *O jovem ficou furioso.* A sala de aula é uma mininação democrática e os estudantes são os soberanos. Tudo bem até aí. Mas por que recompensa e punição são desnecessárias? Se a sala de aula é uma nação, não é preciso haver leis? E se há pessoas que descumprem as regras e cometem crimes, não é preciso haver punições? *O jovem escreveu "Os cinco estágios do comportamento problemático" em seu caderno e sorriu para si mesmo.* Vou verificar se a psicologia adleriana é uma área de estudos realmente aceitável no mundo real ou se engloba apenas um monte de teorias vazias.

QUAL É O OBJETIVO DO COMPORTAMENTO PROBLEMÁTICO?

Filósofo: Por que as crianças apresentam comportamentos problemáticos? A psicologia adleriana se concentra nas "metas" por trás dos comportamentos. Ou seja, pensamos que o comportamento problemático das crianças (não só delas), com todo tipo de metas, tem cinco estágios.

Jovem: O fato de ter cinco estágios significa que o comportamento se agrava gradualmente?

Filósofo: Sim. E esses estágios abrangem todos os tipos de comportamento problemático humano. Sempre que possível, é preciso tomar providências na fase inicial, antes que a conduta se agrave.

Jovem: Então, por favor, apresente o primeiro estágio.

Filósofo: O primeiro estágio do comportamento problemático é a "necessidade de ser admirado".

Jovem: Necessidade de ser admirado? Em outras palavras, é como se as pessoas pedissem: "Me elogiem"?

Filósofo: Isso. Os alunos desempenham o papel da "criança bem-comportada" diante de pais, professores e outros, assim como a pessoa que trabalha em uma empresa se esforça para demonstrar sua motivação e sua obediência ao chefe e aos colegas mais experientes. Ao fazer isso, ela espera ser elogiada por eles. É aí que tudo começa.

Jovem: Mas isso não é desejável? Os alunos estão se mostrando produtivos, sem incomodar ninguém. Podem, inclusive, ajudar outras pessoas. Não consigo encontrar razões para considerar isso problemático.

Filósofo: Certamente, se cada uma de suas ações for analisada em separado, eles podem parecer crianças bem-comportadas ou alunos-modelo. No caso das crianças que se esforçam muito nos trabalhos escolares e nas atividades esportivas, ou dos funcionários dedicados ao seu trabalho, eles estão se empenhando, então os outros vão querer elogiá-los.

Há um grande obstáculo aqui, no entanto. A meta deles será sempre receber elogios e, indo mais além, conquistar uma posição privilegiada na comunidade.

Jovem: Quer dizer que, se os motivos não forem puros, esse comportamento é inaceitável? Que filósofo simplista você é. Mesmo que o objetivo seja receber elogios, eles ainda são estudantes dedicados, não são? Não vejo problema algum nisso.

Filósofo: O que você acha que acontece quando os esforços deles não recebem nenhum elogio por parte dos pais e professores, ou dos chefes e colegas de trabalho?

Jovem: Imagino que eles fiquem insatisfeitos, ou até mesmo ressentidos.

Filósofo: Certo. Veja, eles não estão fazendo coisas boas; estão apenas querendo ser elogiados. E não há vantagem em se esforçar tanto se não é para ser elogiado ou tratado de maneira especial por alguém. A motivação é imediatamente perdida.

Eles adotam um estilo de vida, ou uma visão de mundo, cuja mensagem é basicamente a seguinte: "Só vou me comportar de maneira adequada se alguém me elogiar" ou "A não ser que alguém me castigue, vou me comportar mal".

Jovem: Acho que isso é verdade, mas...

Filósofo: Outra característica desse estágio é que, ao tentar ser "bem-comportada", com um futuro promissor, a criança começa a se envolver em mentiras, táticas enganosas e outras transgressões. Os educadores e os líderes devem definir metas para as crianças em vez de se concentrarem apenas em suas ações.

Jovem: Mas, se você não elogiar nesse ponto, a criança perderá a motivação e passará a não fazer nada. Em alguns casos, começará até a se comportar de maneira imprópria, não é mesmo?

Filósofo: Não. Basta ensinar a ela, continuamente, sobre seu valor, mesmo que não seja uma criança especial. E demonstrar respeito.

Jovem: De maneira concreta, como se faz isso?

Filósofo: Em vez de avaliar sempre se a criança está fazendo alguma coisa "boa", volte sua atenção para os pequenos detalhes cotidianos de suas palavras e ações. Depois, concentre-se nas preocupações dessa pessoa e seja solidário com ela. Só isso.

JOVEM: Ah, então voltamos a essa história. Acho que ainda não me sinto confortável com o que é considerado um comportamento problemático, mas vamos em frente. E o segundo estágio?

FILÓSOFO: O segundo estágio do comportamento problemático é a "necessidade de chamar atenção".

JOVEM: Como assim?

FILÓSOFO: Isso acontece quando a criança não está sendo elogiada mesmo tendo feito algo "bom", ou quando não consegue conquistar uma posição privilegiada em sala de aula, ou ainda se não tem coragem ou tenacidade suficientes para fazer coisas que rendem elogios. A essa altura, ela pensa: "Tudo bem não ser elogiada. Então vou me destacar de outra maneira."

JOVEM: Isso significa que ela vai fazer algo impróprio? Algo que será motivo de repreensão?

FILÓSOFO: Justamente. Nesse estágio, elas nem pensam mais em receber elogios. Só querem mesmo "aparecer". Um aspecto que eu gostaria que você tivesse em mente aqui é que o princípio do comportamento infantil nesse estágio é se destacar, não ser impróprio.

JOVEM: Qual é a vantagem de se destacar?

FILÓSOFO: Elas querem conquistar uma posição privilegiada na sala de aula, um status definido na comunidade a que pertencem. Esse é o verdadeiro objetivo.

Jovem: Em outras palavras, como métodos ortodoxos – do tipo fazer o dever de casa – não funcionaram, o aluno tenta ser "especial" por outros meios. Em vez de se destacar por ser uma "criança bem-comportada", ele tenta emplacar como "criança malcomportada". Assim, assegura uma posição para si mesmo.

Filósofo: Exatamente isso.

Jovem: Eu diria que, nessa idade, se você tem um traço de "criança malcomportada", aumentam suas chances de ser visto como alguém superior. Então, falando em termos concretos, como eles fazem para se destacar?

Filósofo: Crianças assertivas tentam chamar atenção por meio de alguma transgressão, ou seja, descumprindo as regras menos importantes da sociedade e da escola: fazer bagunça na sala de aula, ridicularizar o professor, bombardeá-lo com perguntas, esse tipo de coisa. Mas elas nunca avançam o sinal a ponto de atrair a ira dos adultos. Em geral, são adoradas pelos professores e amigos por serem uma espécie de palhaço da turma.

Já as crianças passivas tentam chamar atenção exibindo uma queda drástica no desempenho escolar, esquecendo objetos ou chorando. Elas atraem atenção ao demonstrar incapacidade e, assim, tentam conquistar uma posição diferenciada.

Jovem: Mas, se ficarem interrompendo a aula a toda hora, ou esquecendo objetos, provavelmente serão repreendidas com rigor. Elas não se importam com isso?

Filósofo: Se é grande a chance de sua presença ser ignorada, elas preferem a repreensão. Querem ser notadas e ocupar uma posição especial, ainda que por meio da censura. Esse é o seu desejo.

JOVEM: Mas que mentalidade complicada.

FILÓSOFO: Na verdade, até o segundo estágio as crianças vivem de acordo com um princípio simples, e lidar com elas não é tão difícil. O respeito nos permite ensinar que não há necessidade de elas serem especiais e que todas têm valor tal como são. É a partir do terceiro estágio que a situação se complica.

JOVEM: Fico me perguntando qual será...

ME ODEIE! DESISTA DE MIM!

FILÓSOFO: No terceiro estágio do comportamento problemático, a meta é se lançar em "lutas pelo poder".

JOVEM: Como assim?

FILÓSOFO: Não se submetendo a ninguém, repetindo provocações e desafiando para a briga. Ao vencer essa batalha, cada criança tenta demonstrar a própria força e conquistar uma posição privilegiada. Esse é um estágio muito difícil.

JOVEM: O que você quer dizer com "desafiando para a briga"? Elas começam a se agredir?

FILÓSOFO: A palavra "resistência" resume bem. Elas provocam os pais e professores e os xingam com palavrões horrorosos. Às vezes, ficam furiosas e violentas, ou se envolvem em furtos, fumam cigarros e similares, enfim, transgridem sem hesitação.

JOVEM: São crianças problemáticas de verdade. Eu me sinto impotente para lidar com esse tipo de criança.

FILÓSOFO: As crianças passivas, por outro lado, nos desafiam a uma luta pelo poder por meio da desobediência. Por mais que sejam repreendidas com rigor, elas se recusam a estudar ou a frequentar as aulas. Fingem ignorar o que os adultos falam e, apesar de não quererem estudar, não acham que o estudo seja desnecessário. Simplesmente querem demonstrar sua força desobedecendo.

JOVEM: É irritante só de imaginar! O único jeito de lidar com essas crianças problemáticas é no grito. Elas descumprem as regras e isso me dá vontade de lhes dar uma boa palmada. Se eu não fizer isso, significa que perdoei suas transgressões.

FILÓSOFO: Certo. Muitos pais e professores sentirão raiva e reagirão com repreensões. A questão é que isso nada mais é do que ceder à provocação do outro e se igualar a ele. A criança preparou uma armadilha e você caiu nela.

JOVEM: O que fazer, então?

FILÓSOFO: Se houver alguma questão legal, trate-a como tal. Em relação a qualquer outra luta pelo poder, no entanto, saia do campo assim que identificar o jogo do adversário. É a única conduta que você pode adotar de imediato. Considere que, mesmo sem recriminações, o simples fato de expressar com o olhar que você está prestes a perder a cabeça já o coloca em campo na luta pelo poder.

JOVEM: E se um estudante fizer algo errado na minha frente? Como devo reagir? Um educador deixaria o aluno sozinho e não faria nada?

FILÓSOFO: Tenho certeza de que há uma conclusão lógica, mas seria melhor esperar até eu acabar de explicar os cinco estágios para, então, refletirmos juntos sobre isso.

JOVEM: Ok. Próximo!

Filósofo: No quarto estágio do comportamento problemático, a pessoa entra na fase da "vingança".

Jovem: Vingança?

Filósofo: Ela decidiu entrar em uma luta pelo poder, mas estava além de sua capacidade. Como resultado, não conseguiu vencer nem conquistar uma posição privilegiada e ganhou o desprezo dos outros. Sofrendo pela batalha perdida, ela se retira temporariamente e planeja sua vingança.

Jovem: Mas quer se vingar de quem, e por quê?

Filósofo: É uma vingança amorosa contra quem não reconhece o "eu" insubstituível, contra quem não a ama.

Jovem: Vingança amorosa?

Filósofo: Por favor, tenha em mente que a necessidade de ser admirada, de chamar atenção e de lutar pelo poder expressa o sentimento de carência amorosa, que diz: "Quero que você tenha mais consideração por mim." A questão é que, quando a pessoa percebe que seu anseio por amor não será atendido, ela muda radicalmente e parte para o ódio.

Jovem: Por quê? Qual é a razão de buscar o ódio?

Filósofo: A pessoa reage assim: "Percebo agora que os outros não me amarão. Se é assim que vai ser, então que me odeiem. Prestem atenção em mim, mesmo que seja pela via do ódio." É o tipo de coisa que elas pensam.

Jovem: Elas desejam ser odiadas?

Filósofo: É o que acaba acontecendo. Tome como exemplo as crianças que estão no terceiro estágio, que confrontam os pais e professores e os conclamam para lutas pelo poder. Na sala de aula, elas têm a chance de se tornarem heroínas mirins e de serem celebradas por sua coragem de desafiar a autoridade e os adultos.

Mas as crianças que entram no estágio da vingança não são celebradas por ninguém. Odiadas e temidas por pais, professores e até mesmo por colegas de classe, pouco a pouco elas vão ficando isoladas. Mesmo assim, tentam se conectar com as outras pessoas por meio de um atributo: serem odiadas.

Jovem: Se é assim, deveríamos fingir que as ignoramos. Basta romper esse ponto de contato que virou ódio, porque então não haverá necessidade de vingança. Dá para descobrir uma abordagem mais sensata, não dá?

Filósofo: Na teoria, isso pode funcionar, mas, na realidade, é difícil aceitar a conduta delas.

Jovem: Por quê? Você está dizendo que não tenho paciência para isso?

Filósofo: No estágio da luta pelo poder, as crianças desafiam as pessoas para um enfrentamento direto, justo e honesto. Suas provocações, que incomodam pela linguagem abusiva, estão diretamente relacionadas a seu sentido de justiça. É por isso que elas podem ser vistas como heroínas por seus colegas. É possível lidar com esse tipo de provocação de maneira tranquila.

Já no estágio da vingança, não é recomendável enfrentar as

crianças diretamente. Elas não estão planejando fazer coisas ruins. Apenas repetem condutas que desagradam às outras pessoas.

Jovem: Consegue me dar algum exemplo concreto?

Filósofo: Um exemplo óbvio seria o que chamamos de comportamento assediador envolvendo perseguição, uma forma típica de vingança. É a vingança amorosa, focada na pessoa que não o ama. Os assediadores têm total consciência de que seu alvo não apreciará seu comportamento. Sabem que dali não resultará uma boa relação, mas, ainda assim, traçam planos para de alguma forma criar uma conexão, mesmo que seja pelo ódio ou pela antipatia.

Jovem: Que tipo de lógica detestável é essa?

Filósofo: Na psicologia adleriana, a autoflagelação e o isolamento social também fazem parte da vingança. Ao causar danos a si mesma e se desvalorizar, a pessoa acusa o outro, dizendo: "A culpa é sua por eu ter ficado assim." É natural que os pais se preocupem, e a experiência é realmente devastadora para eles, mas, do ponto de vista do filho, a vingança é um sucesso.

Jovem: Bem, agora estamos nos aventurando nos domínios da psiquiatria, não é não? Algum outro exemplo?

Filósofo: Além dos casos que chegam à violência ou à linguagem abusiva, há também muitas crianças problemáticas que se envolvem com gangues de delinquentes ou mesmo com o crime organizado. As crianças passivas, por sua vez, lançam mão de outros métodos incômodos de vingança, como abdicar da higiene pessoal ou se entregar a hábitos grotescos que, com certeza, provocarão reações de desagrado nos que estão ao seu redor.

JOVEM: Como devemos reagir a esse tipo de comportamento?

FILÓSOFO: Se houver alunos assim em sua classe, não há nada que possa fazer a respeito. A meta deles é se vingar de você. Quanto mais você tentar ajudar, mais eles vão agredi-lo com palavras e ações, pois encaram isso como uma nova oportunidade de vingança. Nesse momento, a única saída é solicitar ajuda a alguém que não tenha nenhum envolvimento ou interesse pessoal, como um professor de outra turma ou uma pessoa de fora da escola, inclusive especialistas como eu, por exemplo.

JOVEM: Mas se esse é o quarto estágio, ainda falta um, certo?

FILÓSOFO: Sim. Há um último estágio que é ainda mais difícil do que a vingança.

JOVEM: Explique, por favor.

FILÓSOFO: O quinto estágio do comportamento problemático é a "prova de incompetência".

JOVEM: O que é isso?

FILÓSOFO: Tente se colocar na pele da criança que está no quinto estágio. Embora tenha feito de tudo para garantir um tratamento especial, nada saiu como você planejou. Seus pais, os professores, até mesmo os colegas de classe... ninguém passou a odiá-lo como você gostaria. Você não consegue se destacar na sala de aula nem em casa. O que faria nessa situação?

JOVEM: Eu provavelmente desistiria. Porque, não importa o que eu faça, não consigo obter o reconhecimento de ninguém. Acho que pararia de me esforçar.

FILÓSOFO: De qualquer jeito, seus pais e professores reclamariam que você precisa estudar mais e começariam a intervir em várias coisas, como seu comportamento na escola e seu relacionamento com os amigos. Tudo porque querem ajudar, é claro.

JOVEM: Não é da conta deles. Se eles fossem capazes de fazer a coisa certa, já teriam feito há muito tempo. Eu preferiria que não se importassem.

FILÓSOFO: Você não conseguirá fazer com que entendam isso. As pessoas ao seu redor querem que você se esforce mais. Elas sabem que você é capaz e têm a expectativa de que mude por esforço próprio.

JOVEM: O que estou dizendo é que esse tipo de expectativa é um grande estorvo. Adoraria que me deixassem em paz.

FILÓSOFO: É justamente isso, essa sensação de "não espere mais nada de mim", que tem a ver com a prova de incompetência.

JOVEM: Então o que uma criança no estágio cinco está dizendo é "Não espere nada de mim porque eu sou incompetente"?

FILÓSOFO: Sim. Ela começa a se desesperar, despreza a si mesma e acredita que não consegue resolver nada. Assim, a fim de evitar um desespero ainda maior, tenta se afastar de todos os trabalhos escolares. É como se anunciasse a quem estivesse por perto: "Isso é para mostrar que sou incompetente, então não me deem mais nenhuma tarefa. Não tenho capacidade de concluí-la."

JOVEM: As crianças fazem isso para não se magoarem mais?

FILÓSOFO: Isso mesmo. Se elas pensam "Talvez eu consiga dar conta" quando assumem um trabalho mas não chegam a concluí--lo, a sensação é de que deveriam ter decidido desde o início que não havia como serem bem-sucedidas. Deveriam simplesmente ter desistido. Seria bem mais fácil dessa maneira, e não precisariam se preocupar com a decepção futura.

JOVEM: Dá para entender a sensação...

FILÓSOFO: Então elas tentam provar de todas as formas que são incompetentes. Agem como se fossem completas idiotas, fazem tudo lentamente e param de tentar realizar até mesmo as tarefas mais fáceis. Por fim, convencem até a si mesmas de que são "idiotas".

JOVEM: Alguns alunos dizem que são burros.

FILÓSOFO: Se eles são capazes de expressar isso, estão provavelmente zombando de si mesmos. O comportamento bobalhão das crianças no quinto estágio parece o de alguém que sofre de uma doença mental. Sempre que elas se flagram tentando fazer algum trabalho ou refletir sobre algo, imediatamente acionam o freio e, então, de maneira pessimista, rejeitam as tarefas e as expectativas dos que estão ao seu redor.

JOVEM: Como devemos interagir com essas crianças?

Filósofo: A mensagem delas é: "Não esperem nada de mim", "Não liguem para mim" e até "Desistam de mim". Quanto mais os pais e professores tentam ajudar, mais extremas são as provas de incompetência que essas crianças oferecem. Infelizmente, não há nada que você possa fazer. A solução é recorrer a um especialista, porque, mesmo para um profissional, o caminho de prestar assistência a crianças que entraram no estágio da prova de incompetência é muito difícil.

Jovem: Não há muito que os educadores possam fazer por elas.

Filósofo: Na verdade, a maior parte dos comportamentos problemáticos vai até o terceiro estágio, de luta pelo poder. Portanto, o papel dos educadores é fundamental para impedir que esses comportamentos progridam até o quinto estágio.

SE HOUVER PUNIÇÃO, O CRIME DEIXA DE EXISTIR?

Jovem: Os cinco estágios do comportamento problemático compõem, de fato, uma análise interessante. Primeiro, você busca ser admirado; em seguida, faz de tudo para chamar a atenção das pessoas e, quando isso não funciona, envolve-se em lutas pelo poder, que depois descambam para uma vingança abominável. Por último, transforma sua própria incompetência em um espetáculo.

Filósofo: E tudo isso parte da "sensação de pertencimento", ou seja, da meta de assegurar uma posição especial na comunidade.

Jovem: Certo. Essa é uma linha de raciocínio muito ao estilo da psicologia adleriana, que é focada na relação interpessoal. Vou aceitar essa classificação.
    Mas você esqueceu que deveríamos estar discutindo se repreender é certo ou errado? Veja bem, eu pus em prática essa educação adleriana de não repreender. Esperei que meus alunos percebessem que eu não estava repreendendo ninguém. E o que você acha que aconteceu com a turma? A sala virou um jardim zoológico, um lugar completamente sem regras.

Filósofo: Por isso, então, você optou pela repreensão. Repreender mudou alguma coisa?

Jovem: Se eu grito bem alto com os alunos quando eles estão fazendo barulho, a situação se acalma imediatamente. Se os repreendo quando se esquecem de fazer o dever de casa, assumem uma expressão pensativa. Mas isso não dura. Logo começam a bagunçar novamente e não entregam os deveres.

Filósofo: Por que acha que eles fazem isso?

Jovem: Estou lhe dizendo: é por causa de Adler! Foi um erro começar as aulas sem dar broncas. Desde que passei a agir com calma e a permitir tudo, os alunos me menosprezam e pensam: "Não precisamos nos preocupar com esse cara" ou "Ele vai deixar que a gente faça qualquer coisa".

Filósofo: Teria sido diferente se você tivesse repreendido a turma desde o início?

Jovem: Claro que sim. Esse é o meu maior arrependimento. Em tudo na vida, a sua forma de agir no começo determina todo o restante. No próximo ano, se eu for designado para uma turma diferente, vou gritar com os alunos desde o primeiro dia.

Filósofo: Entre seus colegas de trabalho, mesmo os mais experientes, há pessoas muito rígidas, não há?

Jovem: Sim. Ninguém chega a aplicar castigos corporais, é claro, mas vários professores sempre gritam com os alunos e usam um linguajar severo em sala de aula. Eles investem pesado em encarnar o papel de professor malvado. Acho que podemos dizer que são professores exemplares.

Filósofo: Isso é estranho. Por que esses professores estão sempre gritando?

Jovem: Por quê? Porque os estudantes fazem coisas erradas.

Filósofo: Se a repreensão fosse eficaz como abordagem educacional, bastava fazer algumas advertências logo de início para pôr fim ao comportamento problemático dos alunos. Por que esses professores acabam sempre repreendendo? Por que precisam fazer cara feia e falar alto? Você nunca achou isso estranho?

Jovem: Eles fazem isso porque as crianças são impossíveis.

Filósofo: Não, você está errado. Essa é a prova incontestável de que a repreensão não é eficaz como abordagem educativa. Mesmo que você venha a repreender com rigor desde o início do próximo ano letivo, a situação não será diferente da atual. Poderá, na verdade, piorar.

Jovem: Piorar?

Filósofo: A esta altura você já deve ter entendido que há uma expectativa implícita de repreensão no comportamento problemático das crianças. Elas querem ser repreendidas.

Jovem: Querem levar bronca do professor? Gostam disso? Você fala como se elas fossem masoquistas... Pare de brincar com isso.

Filósofo: Eu não diria que as pessoas gostam de ser repreendidas. Mas há uma sensação de realização heroica em poder dizer a si mesmo: "Eu fiz algo especial o suficiente para ser repreendido." Para esses, a repreensão é a prova de que são seres especiais.

Jovem: Discordo. Antes de ser um aspecto de psicologia humana, é uma questão de lei e ordem. Há alguém fazendo algo errado na sua frente. Independentemente do objetivo dessa atitude, essa pessoa está violando uma regra. É natural puni-la por isso. Caso contrário, não se manterá a ordem pública.

Filósofo: Você acha que a repreensão ajuda a manter a lei e a ordem?

Jovem: Exatamente. Não é que eu queira repreender meus alunos, muito menos puni-los, isso é óbvio. Quem gostaria de fazer esse tipo de coisa? Mas a punição é necessária para manter a lei e a ordem e também como medida de dissuasão.

Filósofo: O que você quer dizer com dissuasão?

Jovem: Vou dar um exemplo: um pugilista quando está no ringue, mesmo encurralado, sem saída, nunca dará pontapés ou tentará empurrar seu oponente, não importa o que aconteça, porque ele sabe que será desqualificado se fizer algo desse tipo. Portanto, a punição grave representada pela desqualificação dissuade da violação da regra. Se a aplicação da punição for inconsistente, ela deixa de funcionar como um dissuasor e a luta de boxe vira outra coisa. A punição é o único elemento de dissuasão do crime.

Filósofo: Esse exemplo é interessante. Então por que punições tão graves como as repreensões cotidianas em sala de aula não funcionam como dissuasores no ambiente da educação?

Jovem: Cada um tem uma opinião sobre isso. Os professores mais experientes relembram os velhos tempos em que os castigos corporais eram permitidos. Eles dizem que, à medida que as punições foram ficando mais leves, elas perderam sua função de dissuasão.

Filósofo: Sei... Agora vamos investigar um pouco mais a fundo por que a repreensão não é eficaz na abordagem educativa.

O jovem refletiu sobre os cinco estágios do comportamento problemático apresentados pelo filósofo. De fato, continham verdades que correspondiam a avaliações precisas da psicologia humana e ofereciam sinais da grandeza de Adler. Ainda assim, o jovem pensou consigo mesmo, *sou o único adulto responsável na minha sala de aula e cabe a mim dar o exemplo de como se vive em sociedade. Em outras palavras, se não houver punição para quem comete erros, a ordem social cairá por terra. Não sou um filósofo que usa teorias para tratar as pessoas como joguetes — sou um educador responsável pelo futuro das crianças. Esse peso, essa responsabilidade com as pessoas que vivem no mundo real, não é algo que o filósofo consiga entender.*

VIOLÊNCIA EM NOME DA COMUNICAÇÃO

Jovem: Então por onde começamos?

Filósofo: Vamos supor que uma discussão sobre algo trivial se transforme em uma briga violenta entre dois alunos em sala de aula. O que você faria com os dois?

Jovem: Nessa situação, eu não iria repreendê-los em voz alta. Em vez disso, ouviria os dois com tranquilidade para entender os pontos de vista e, depois de acalmá-los, perguntaria "Por que vocês começaram a brigar?" ou "Por que estavam se agredindo?".

Filósofo: O que acha que eles responderiam?

Jovem: Bem, acho que seria algo como "Ele disse tal e tal coisa e eu simplesmente me descontrolei" ou "Ele fez uma coisa horrível comigo".

Filósofo: O que você faria?

Jovem: Eu deixaria os dois falarem o que quisessem, constataria quem errou e depois faria com que este pedisse desculpas ao colega. Ou melhor, como em qualquer disputa os dois lados cometem erros, eu na verdade faria com que eles pedissem desculpas um ao outro.

FILÓSOFO: Eles ficariam felizes com isso?

JOVEM: Obviamente, é provável que os dois preferissem defender suas versões do que aconteceu. Mas, se eles conseguissem pensar "Talvez, em parte, a culpa seja minha", eu deixaria para lá. Conforme o ditado: "Numa discussão, os dois lados têm culpa."

FILÓSOFO: Entendo. Agora imagine se você tivesse aquele prisma triangular.

JOVEM: Prisma triangular?

FILÓSOFO: Sim. Num dos lados está escrito "Aquela pessoa malvada", em outro, "Coitadinho de mim", e no terceiro lado, "O que devo fazer de agora em diante?". Preste atenção nos alunos enquanto eles observam o prisma, da mesma forma que nós, terapeutas, fazemos.

JOVEM: Não entendi.

FILÓSOFO: Pense nos motivos dos estudantes para brigarem: "Ele disse isso e aquilo" e "Ele fez uma coisa horrível comigo". Quando você analisa essa situação pelo prisma triangular, não equivale aos lados "Aquela pessoa malvada" e "Coitadinho de mim"?

JOVEM: Acho que sim.

FILÓSOFO: Você está perguntando aos alunos apenas sobre a causa. Por mais que se aprofunde nisso, tudo o que conseguirá serão desculpas e recusa em assumir a responsabilidade. O que você deve fazer é se concentrar nos objetivos deles e pensar com eles: "O que devo fazer de agora em diante?"

JOVEM: O objetivo da briga? Não a causa?

FILÓSOFO: Vamos analisar isso passo a passo. Antes de tudo, nós, humanos, normalmente nos comunicamos por meio da linguagem, certo?

JOVEM: Sim. Neste exato momento, você e eu estamos fazendo uso dela.

FILÓSOFO: Então o que você consideraria ser a meta, ou o objetivo, da comunicação?

JOVEM: Eu diria que é transmitir a intenção, o que está na mente da pessoa.

FILÓSOFO: Não. A transmissão nada mais é do que a porta de acesso à comunicação. O objetivo final é chegar a um consenso. A transmissão não tem significado por si só. Somente quando há entendimento do conteúdo que está sendo transmitido e alcança-se o consenso é que a comunicação faz sentido. Portanto, estamos conversando com o objetivo de chegar a um ponto de consenso.

JOVEM: Ok, mas está demorando muito.

FILÓSOFO: Precisamos de muito tempo e esforço para chegar a um consenso por meio da comunicação baseada na linguagem. As demandas egoístas de cada lado não são facilmente aceitas pelo outro. Pelo contrário: é preciso se municiar de material convincente, como dados objetivos. Além disso, em termos de certeza e eficácia imediata, é algo bem insatisfatório, considerando-se os custos envolvidos.

JOVEM: É exatamente como você diz. Torna-se cansativo.

FILÓSOFO: A pessoa que está achando essa conversa cansativa, ou que percebe que não tem a menor chance de vencer a discussão, faz o que a essa altura? Por acaso você sabe?

JOVEM: Imagino que ela não recuará, não é mesmo?

FILÓSOFO: No final, o meio de comunicação que ela escolherá é a violência.

JOVEM: Veja só... É aí que você faz a conexão?

FILÓSOFO: Ao recorrer à violência, a pessoa impõe suas demandas sem perder tempo ou fazer esforço. É possível levar uma parte a se curvar à outra. A violência é um meio de comunicação fácil e barato. Mas, antes de considerá-la moralmente inaceitável, é preciso dizer que se trata de uma conduta bastante imatura.

JOVEM: Você quer dizer que a violência não deve ser rejeitada por uma questão moral, mas sim porque é uma conduta boba e imatura?

FILÓSOFO: Sim. Os padrões morais mudam de acordo com a época ou a situação. Julgar os outros apenas por suas orientações morais é extremamente perigoso. Afinal, houve fases em que a violência foi estimulada. Então o que devemos fazer? Nós, seres humanos, temos que voltar ao básico: precisamos amadurecer.

Não devemos confiar na comunicação imatura que é a violência. Temos que procurar outras formas de nos comunicarmos, independentemente da causa da violência – se é algo que você ou a outra pessoa disse, ou se é a atitude provocativa de um dos dois. A violência tem um único objetivo. Em vez de abraçá-la, deveríamos nos perguntar: "O que devo fazer de agora em diante?"

JOVEM: Eis um ponto de vista interessante sobre a violência.

FILÓSOFO: Você parece agir como se isso dissesse respeito apenas a outra pessoa. O que estou falando também se aplica a você.

JOVEM: De jeito nenhum. Não aceito a violência. Pare de fazer acusações bizarras.

IRRITAR-SE E REPREENDER SÃO SINÔNIMOS

Filósofo: Você está conversando com alguém quando o diálogo envereda por um caminho negativo. Sua posição é de desvantagem, ou você sabe desde o início que seus argumentos são irracionais.

Imagine, por exemplo, um homem que tenta convencer as pessoas de seus argumentos talvez não com violência (de verdade), mas com coação (levantando a voz, batendo a mão na mesa ou chorando). Esse tipo de conduta também deve ser visto como uma comunicação violenta e "barata" em termos de tempo e esforço... Você entende o que estou dizendo, não é?

Jovem: Você é terrível. Só porque estou ficando animado e falando alto, você me ridiculariza dizendo que sou imaturo?

Filósofo: Não. Pouco me importa se você está gritando. A questão que levanto é a essência da conduta repressiva escolhida por você.

Você se irrita por ter que se comunicar com os alunos por meio de palavras e os repreende na tentativa de forçá-los a uma submissão rápida. Para isso, usa a raiva como arma, dispara broncas e empunha a espada da autoridade. Essa é uma atitude tola e imatura para um educador.

Jovem: Não, eu não fico irritado com eles. Eu apenas dou broncas.

Filósofo: Muitos adultos justificam suas atitudes dessa maneira, mas isso não muda o fato de que estão tentando manter a outra pessoa submissa pelo uso da força. Vou além: pode-se dizer que essa é uma desculpa cruel, pois revela a convicção por parte desses adultos de que estão "fazendo a coisa certa".

Jovem: Não é isso. Veja, a raiva é uma explosão de emoção que acontece quando não se consegue avaliar a situação com calma. É isto que quero dizer: quando os repreendo, não me deixo levar pela emoção. Em vez de perder a cabeça, eu os repreendo de forma calma e ponderada. Não me coloque no mesmo grupo de quem perde a noção e tem um ataque de fúria.

Filósofo: Talvez seja assim. Você pode dizer que é como uma arma com munição de festim, mas os alunos não veem diferença – há uma arma apontada para eles. Se está carregada com balas de verdade ou não, o fato é que você está se comunicando com uma arma na mão.

Jovem: Ok, vamos imaginar um criminoso violento que tem uma faca. Ele cometeu um crime e está desafiando você a enfrentá-lo. Talvez queira chamar atenção, lutar pelo poder ou uma dessas coisas que você disse. O que há de errado em se comunicar com uma arma na mão? De que outra forma mantemos a lei e a ordem?

Filósofo: Como pais e educadores devem lidar com crianças com problemas de comportamento? Adler aconselha a "renunciar à posição de juiz". Não lhe foi concedido o privilégio de emitir juízos de valor. Manter a lei e a ordem não é sua responsabilidade.

JOVEM: Qual é a sua sugestão, então?

FILÓSOFO: Em vez de se preocupar com a lei e a ordem, você deveria proteger a criança que está na sua frente e apresenta um comportamento problemático. Educadores são terapeutas, e terapia é reeducação. Já falamos sobre isso, não é? Seria estranho um terapeuta exibir uma arma ou algo desse tipo.

JOVEM: Mas...

FILÓSOFO: A violência, que inclui a repreensão, é uma forma de comunicação que revela a imaturidade do ser humano. Isso é algo que as próprias crianças conhecem bem. Sempre que são repreendidas, além do medo que sentem por conta da conduta violenta, inconscientemente elas percebem que a pessoa que as repreende é imatura.
    Trata-se de um problema muito maior do que os adultos pensam. Você respeitaria um ser humano imaturo? Você se sentiria realmente respeitado por alguém que o ameaça de forma violenta? Não há respeito na comunicação raivosa e violenta. Ao contrário, esse tipo de comunicação é desrespeitosa. Que a repreensão não promove melhoria substancial é uma verdade incontestável. Sobre essa questão, Adler declara: "A raiva é uma emoção que afasta as pessoas."

JOVEM: Quer dizer que, além de não ser respeitado por meus alunos, também sou desprezado por eles? Porque eu os repreendo?

FILÓSOFO: Infelizmente, é o caso.

JOVEM: Como tem tanta certeza disso? Afinal, você não sabe como é na vida real.

FILÓSOFO: Há muitas coisas que eu não sei. No entanto, o cenário real ao qual você sempre se refere é basicamente outra versão de "Aquela pessoa malvada" e "Coitadinho de mim". Não acredito que haja mais valor nas palavras ditas além do necessário. Elas entram por um ouvido e saem pelo outro.

JOVEM: Droga!

FILÓSOFO: Se você tiver coragem de enfrentar seus fantasmas e refletir sobre o verdadeiro significado de "O que devo fazer de agora em diante?", fará progresso.

JOVEM: Acha que estou apenas inventando desculpas?

FILÓSOFO: Nada disso. "Inventando desculpas" provavelmente não é a expressão correta. Você está olhando apenas para as coisas que não pode mudar e lamentando: "Isso é impossível." Em vez de se agarrar ao que não pode mudar, olhe para as coisas que você pode mudar e que estão bem na sua frente. Lembra-se da Oração da Serenidade, transmitida oralmente nas sociedades cristãs?

JOVEM: Sim, claro: "Deus, conceda-me a serenidade para aceitar aquilo que não posso mudar, a coragem para mudar o que posso e a sabedoria para discernir entre ambos."

FILÓSOFO: Reflita sobre essas palavras e depois pense mais uma vez sobre minha pergunta: "O que devo fazer de agora em diante?"

CADA UM PODE ESCOLHER A PRÓPRIA VIDA

JOVEM: Vamos imaginar que eu aceite sua sugestão: deixo de dar broncas, paro de questionar as causas de mau comportamento dos meus alunos e pergunto a eles: "O que vocês devem fazer de agora em diante?" Qual seria o resultado? Nem preciso pensar muito: ouviria basicamente declarações retóricas de autorreflexão, do tipo: "Não vou fazer isso de novo" ou "Vou fazer tudo certinho a partir de agora".

FILÓSOFO: Sempre que as palavras de autorreflexão forem forçadas, nada resultará delas. É o esperado. As pessoas muitas vezes são obrigadas a escrever textos de desculpas ou de autorreflexão, mas apenas com o objetivo de serem perdoadas; por isso, nada acontece. É improvável que se tornem algo mais do que instrumentos de autossatisfação para aquele a quem o texto se destina. Seja como for, o que eu questionaria aqui é o modo de vida da pessoa.

JOVEM: Modo de vida?

FILÓSOFO: Parafraseando Kant, cuja discussão sobre a autossuficiência é pertinente aqui: "A condição de menoridade do homem não se deve à falta de entendimento. É que ele não tem nem a determinação nem a coragem de usar seu entendimento sem a orientação do outro. Ou seja, o homem é responsável por permanecer em sua própria condição de menoridade."

JOVEM: Condição de menoridade?

FILÓSOFO: Sim, é a condição de não alcançar a autossuficiência. Pode-se entender o uso que Kant deu à palavra entendimento como uma referência à capacidade de maneira geral, que inclui tudo, desde a inteligência até a sensibilidade.

JOVEM: Não é que nos falte capacidade, mas não temos coragem suficiente para usá-la. Será que é por isso que não conseguimos superar nossa condição de menoridade?

FILÓSOFO: Exatamente. E Kant depois afirma: "Tenha coragem de usar o próprio entendimento."

JOVEM: Igual ao que disse Adler, não é?

FILÓSOFO: E por que as pessoas tentam se manter em uma condição de menoridade? Ou, para ser mais claro, por que rejeitam a autossuficiência? Qual é a sua opinião?

JOVEM: Por covardia?

FILÓSOFO: Em alguns casos, pode ser. Mas pense nas palavras de Kant mais uma vez. É mais fácil viver segundo a "orientação do outro". Não é preciso pensar nas dificuldades, muito menos assumir a responsabilidade pelo fracasso. Basta colocar-se nas mãos de alguém que cuidará de todas as tarefas complicadas. É o que as pessoas fazem, de crianças no contexto familiar e escolar a membros da sociedade que trabalham em empresas e órgãos públicos. Até mesmo clientes em busca de orientação psicológica. Não é assim?

JOVEM: Acho que sim...

FILÓSOFO: Além disso, para manter as crianças na condição de menoridade, os adultos usam todos os meios imagináveis, doutrinando-as sobre os perigos, os riscos e o medo da autossuficiência.

JOVEM: Por quê?

FILÓSOFO: Para mantê-las sob controle.

JOVEM: Por que eles fariam isso?

FILÓSOFO: Você deveria refletir cuidadosamente e questionar a si mesmo. Porque, sem perceber, você também está atrapalhando a autossuficiência de seus alunos.

JOVEM: Estou?

FILÓSOFO: Sim, sem dúvida. Independentemente do que façam, pais e educadores se intrometem e mimam demais as crianças. O resultado é uma geração que não consegue decidir nada sozinha e que precisa da orientação constante dos outros. São pessoas que terão para sempre uma mente infantilizada. Serão incapazes de agir sem a orientação de terceiros, mesmo que já sejam adultas em termos cronológicos. Isso não é autossuficiência.

JOVEM: Nada disso. O mínimo que espero é que meus alunos se tornem autossuficientes. Por que eu os impediria de atingir essa condição?

Filósofo: Não vê? Você tem medo de deixar que eles se tornem autossuficientes.

Jovem: O quê? Como assim?

Filósofo: Se seus alunos se tornarem autossuficientes e assumirem uma posição de igualdade em relação a você, sua autoridade entrará em colapso. Neste exato instante, você está construindo um relacionamento vertical com seus alunos e teme que ele seja destruído. Esse medo, que é inconsciente, afeta não apenas educadores, mas muitos pais também.

Jovem: Não, eu não...

Filósofo: Outra coisa. Quando as crianças fracassam e, principalmente, quando perturbam os outros, é natural que você também seja responsabilizado. É sua responsabilidade como educador e como supervisor. Se você for pai, é sua responsabilidade como tal. Entendeu?

Jovem: Sim, claro.

Filósofo: O que se pode fazer para evitar essa responsabilização? A resposta é fácil: controlar as crianças. Isso significa permitir que elas trilhem apenas os caminhos seguros e sem riscos, proibindo quaisquer aventuras. Significa também mantê-las sob controle o máximo possível. Não se faz isso por preocupação com as crianças, mas sim por autoproteção.

Jovem: Por que ninguém quer ser responsabilizado pelos fracassos das crianças?

Filósofo: É assim que as coisas funcionam. E é exatamente por isso que pessoas em cargos importantes na educação, assim como líderes responsáveis pela gestão de organizações, devem sempre defender o objetivo da autossuficiência.

Jovem: Para não se deixarem levar pela autoproteção.

Filósofo: A mesma coisa se dá na orientação psicológica. Nós, terapeutas, temos muito cuidado para não colocar o cliente em uma posição de "dependência" e "irresponsabilidade". A orientação psicológica que leva o cliente a dizer "Graças a você, estou bem melhor" não está resolvendo nada. Isso porque, no fundo, o que a pessoa está realmente dizendo é "Não consigo fazer nada sozinha".

Jovem: As pessoas se tornam dependentes de seus terapeutas?

Filósofo: Exatamente. E o mesmo pode ser dito sobre você, ou seja, sobre os educadores que deixam seus alunos dizerem "Graças a você, consegui me formar" ou "Graças a você, consegui passar nas provas". Esses educadores não estão educando, se considerarmos o verdadeiro sentido da palavra. É necessário fazer com que os alunos se conscientizem de que podem realizar grandes feitos por esforço próprio.

Jovem: Mas...

Filósofo: O educador é uma criatura solitária. Os alunos se formam por sua própria competência e o educador não é elogiado ou valorizado por seu esforço. Não há reconhecimento para ele.

Jovem: Então aceitamos esse isolamento?

Filósofo: Sim. Em vez de esperarmos gratidão por parte dos alunos, temos a sensação de haver contribuído para o grande objetivo da autossuficiência. A felicidade advém da sensação de contribuição. É a única maneira.

Jovem: A sensação de contribuição...

Filósofo: Como eu disse há três anos, a essência da felicidade é a sensação de ter contribuído. Se você estiver à espera de gratidão por parte de seus alunos – se quiser ouvir "Graças a você..." –, saiba que está atrapalhando a conquista da autossuficiência deles.

Jovem: Falando em termos concretos, de que maneira podemos proporcionar uma educação que não torne as crianças dependentes ou irresponsáveis? Como ajudar na conquista da verdadeira autossuficiência? Preciso de exemplos tangíveis, não de conceitos.

Filósofo: Pois bem. Imagine que uma criança pergunte: "Posso brincar na casa do meu amigo?" Alguns pais permitem ("Claro que pode"), mas estabelecem condições ("... se você tiver feito a lição de casa"), ao passo que outros simplesmente proíbem os filhos de sair para brincar. As duas condutas colocam a criança em uma posição de dependência e irresponsabilidade.

Em vez disso, ensine a criança, dizendo: "Isso é algo que você pode decidir sozinha." Explique que a vida dela e suas ações diárias são coisas que ela mesma determina. E, se a tomada de decisão exigir certos ingredientes – conhecimento e experiência, por exemplo –, então os forneça. É assim que os educadores devem agir.

Jovem: Mas as crianças têm a capacidade de julgamento para decidirem sozinhas?

Filósofo: Quem duvida disso não as respeita suficientemente. Se você as respeita de verdade, deve ser capaz de deixá-las decidir tudo por conta própria.

Jovem: E se isso resultar em um erro irreparável?

Filósofo: Não é diferente com os caminhos escolhidos para elas por pais e professores. Como ter certeza de que as escolhas delas sempre serão fracassadas e as escolhas que vocês fizeram por elas acabarão bem?

Jovem: Mas isso...

Filósofo: Quando as crianças cometem erros, a responsabilidade do pai ou educador é questionada. Mas não é o tipo de responsabilidade indiscutível. Responsabilidade, no verdadeiro sentido da palavra, é algo que só a própria pessoa pode se obrigar a assumir. Isto é o que levou à ideia de separação de tarefas, que pode ser traduzida assim: "Quem, em última análise, sofrerá as consequências da escolha feita?" Você, que não está na posição de receber o ônus final, não deve intervir nas tarefas de outros.

Jovem: Está dizendo que devo deixar as crianças decidirem sozinhas?

Filósofo: Não. Estou dizendo que deve respeitar as decisões delas e ajudá-las nessas decisões. E também assegurar que você estará sempre pronto a ajudar e a cuidar delas a uma distância que permita auxiliá-las quando necessário, mas que não seja próxima demais. Caso essas decisões sejam ruins, as crianças aprenderão com você a máxima: "Temos a vida que escolhemos."

JOVEM: Temos a vida que escolhemos...

FILÓSOFO: Este é o tema principal da nossa discussão de hoje, então não se esqueça de memorizá-lo. Sim, anote no seu caderno.
 Agora vamos fazer uma pequena pausa. Por favor, reflita sobre sua atitude ao lidar com seus alunos.

JOVEM: De jeito nenhum! Não preciso de pausas nem de nada parecido. Vamos continuar.

FILÓSOFO: O diálogo a partir deste ponto vai exigir ainda mais concentração. E concentração exige pausas adequadas. Vou preparar um café. É um bom momento para você se acalmar um pouco e esclarecer pontos obscuros.

PARTE III
Do princípio da competição ao princípio da cooperação

O OBJETIVO DA EDUCAÇÃO É A "autossuficiência". E o educador é um "orientador". No início, o jovem entendeu esses dois termos em suas definições convencionais e não lhes deu muita atenção. Conforme a discussão avançou, no entanto, suas dúvidas em relação à própria forma de educar se multiplicaram. *Será que minha abordagem da manutenção da lei e da ordem está completamente errada? Será que meu temor atrapalhou a autossuficiência dos meus alunos? Não, não pode ser... Apoiei a autossuficiência deles o tempo todo, não há nenhuma dúvida sobre isso.* O filósofo sentado diante dele alisou silenciosamente a caneta-tinteiro. *Olhe para ele, tão indiferente e triunfante.* O jovem molhou os lábios ásperos com o café e começou a falar com uma voz angustiada.

RECUSE O DESENVOLVIMENTO BASEADO NO ELOGIO

JOVEM: O educador não deve ser um juiz, mas sim um orientador que está sempre disponível para a criança. E a repreensão é uma conduta que revela a própria imaturidade e provoca o desprezo. O objetivo final da educação é a autossuficiência, e ninguém deve atrapalhar esse caminho. Tudo certo. Por enquanto, vou aceitar que não se deve repreender... Mas só se você reconhecer a validade da minha próxima pergunta.

FILÓSOFO: E qual é ela?

JOVEM: Muitas vezes, discutimos com colegas e pais a educação infantil baseada em repreensões ou elogios; se uma delas está certa, e a outra, errada. É evidente que a educação que se apoia em repreensões é impopular. Isso tem a ver com as tendências do nosso tempo, mas muitas pessoas rejeitam o método do ponto de vista moral. Concordo em grande parte com essa visão porque não gosto de repreender ninguém. Por outro lado, a educação infantil baseada em elogios tem muitos seguidores. Praticamente ninguém abre mão dela, não de maneira escancarada.

FILÓSOFO: Imagino que não.

Jovem: No entanto, Adler chega a rejeitar os elogios. Três anos atrás, quando perguntei por quê, sua resposta foi algo como: "O elogio é um julgamento feito por uma pessoa hábil sobre uma pessoa inábil, e seu objetivo é a manipulação." Portanto, não se deve elogiar.

Filósofo: Sim, eu disse isso.

Jovem: E eu acreditei. Fui um fiel praticante da educação sem elogios. No entanto, isso só durou até que um aluno notasse o meu erro.

Filósofo: Um aluno?

Jovem: Foi há uns meses, quando uma das crianças mais problemáticas da escola entregou um relatório sobre um livro que tinha lido. Foi uma atividade livre que passei para as férias de verão e, para meu espanto, ele leu *O estrangeiro*, de Camus. Fiquei surpreso com o texto que produziu sobre o livro. Estava maravilhoso, repleto de sensibilidades ingênuas que só um menino emotivo e em plena puberdade podia ter. Assim que li, e antes de perceber o que estava fazendo, elogiei o trabalho: "Ei, ótimo texto. Eu não tinha ideia de que você escrevia tão bem. Isso mudou minha opinião a seu respeito."

Filósofo: Entendo.

Jovem: Assim que falei, percebi que tinha feito bobagem. A frase "Isso mudou minha opinião a seu respeito", em especial, estava carregada daquele julgamento de que Adler fala e sobre o qual comentamos anteriormente. Acho que o menino ficou com a impressão de que eu o menosprezava.

Filósofo: Sim. Porque, se fosse diferente, você não teria dito essa frase.

Jovem: De qualquer maneira, foi um elogio verdadeiro, mas com palavras de indisfarçável julgamento. E eu pergunto: que tipo de reação você acha que esse garoto problemático demonstrou ao ouvir as minhas palavras? Sentiu-se rejeitado? Ah, se eu tivesse fotografado a cara que ele fez... Sorriu de um jeito que nunca tinha sorrido antes, o sorriso de uma criança pura e inocente.

Filósofo: Humm...

Jovem: Era como se, até aquele momento, minha mente estivesse enevoada e a névoa se dissipasse diante dos meus olhos. Pensei comigo: "Qual é a de Adler, afinal? Por ter caído nessa charlatanice, minha forma de educar eliminava esse sorriso, essa alegria. Que tipo de educação é essa?"

Filósofo: Então, depois disso, você começou a elogiar?

Jovem: Sim, claro. Elogiei sem hesitar. Não só esse aluno, mas os outros também. Sempre que os elogiava, eles pareciam satisfeitos e apresentavam progressos nos trabalhos escolares. Quanto mais eu os elogiava, mais motivação demonstravam. Para mim, ficou claro que se tratava de um ciclo positivo de crescimento.

Filósofo: Você estava obtendo excelentes resultados.

Jovem: Sim. Mas não elogiava todo mundo indiscriminadamente, e sim de acordo com o nível de esforço e sucesso de cada um. Se não fosse assim, os elogios seriam falsos. Aquele aluno problemático que escreveu o relatório sobre Camus tornou-se um leitor ávido.

Ele lê pilhas de livros e escreve ensaios sobre eles. É maravilhoso ver como os livros podem ampliar o mundo de uma pessoa. Imagino que em breve a biblioteca da escola não o atenderá mais e ele começará a frequentar a biblioteca da universidade onde eu trabalhava.

FILÓSOFO: Se ele fizer isso, será bem impressionante.

JOVEM: Verdade. Tenho certeza de que você vai ignorar isso. Dirá que estamos diante da necessidade de ser admirado, o primeiro estágio do comportamento problemático. Mas, como você sabe, a realidade é completamente diferente. Mesmo que o objetivo inicial desse aluno não fosse receber elogios, logo teria descoberto a alegria de aprender e o prazer da realização. Tenho certeza de que ele terminará a escola e caminhará com as próprias pernas. E isso leva ao que Adler chama de autossuficiência.

FILÓSOFO: Tem certeza disso?

JOVEM: Por favor, analise com clareza. Não importa o que você diga, foi graças aos elogios que os alunos recuperaram o sorriso e a ambição. Essa é a educação que ofereço, com todo o entusiasmo possível, aos seres humanos de carne e osso que vivem no mundo real. Que afeto há na educação de Adler? Onde estão os rostos sorridentes?

FILÓSOFO: Bem, vamos pensar nisso juntos. Por que nos apegamos ao princípio de que não se deve elogiar no ambiente da educação? Se há crianças que gostam e se beneficiam dos elogios, então por que não fazer isso? Que risco se corre ao optar pelo elogio?

JOVEM: Eu me pergunto que artimanha você inventará a seguir. Veja bem, não vou fazer concessões aqui. Se pretende rever seus argumentos, agora é a hora.

A RECOMPENSA LEVA À COMPETIÇÃO

Filósofo: Há pouco, mencionei a questão da sala de aula como uma nação democrática. Você se lembra?

Jovem: Sim... Quando começou a chamar as pessoas de fascistas. Como eu poderia esquecer?

Filósofo: Naquele momento, defendi a seguinte ideia: "Uma organização comandada por um ditador não consegue escapar da corrupção." Quando refletimos um pouco mais sobre o porquê disso, fica mais claro o motivo pelo qual não se deve elogiar.

Jovem: Continue.

Filósofo: Em uma comunidade que vive sob uma ditadura em vez de sob uma democracia consolidada, é o líder que determina o que é certo e errado. Isso vale para as nações e as empresas. O mesmo acontece com as famílias e as escolas. As regras nesses ambientes são aplicadas de maneira bastante arbitrária.

Jovem: Ah, as empresas com gestão vertical são a síntese disso.

FILÓSOFO: Embora se possa pensar que os líderes ditatoriais são desprezados por seus cidadãos, nem sempre é o caso. Provavelmente há situações em que eles desfrutam do apoio fervoroso de seus cidadãos. Por que acha que isso acontece?

JOVEM: Porque o líder é carismático?

FILÓSOFO: Não. Essa é apenas uma razão secundária, superficial. A principal é a existência de um sistema implacável de recompensa e punição.

JOVEM: *Como assim?!*

FILÓSOFO: Nesse sistema, uma pessoa é severamente punida por quebrar as regras e elogiada por obedecer a elas. E há o reconhecimento. Resumindo, as pessoas não obedecem porque apoiam o caráter do líder, seus pensamentos e crenças, mas porque querem serem elogiadas, ou ao menos não repreendidas.

JOVEM: Com certeza... O mundo é assim.

FILÓSOFO: O problema é que nas comunidades onde as pessoas estão empenhadas em receber elogios surge a competição. Elas se irritam quando outros são elogiados, se orgulham quando elas próprias são elogiadas e vivem preocupadas em ser as primeiras a receber elogios, e com mais frequência do que os demais. Além disso, se esforçam para descobrir como monopolizar os favores do líder. A comunidade passa a ser controlada pelo princípio da competição por recompensa.

JOVEM: Você está dando voltas. Não gosta de competição, é isso?

Filósofo: Você aceita a competição?

Jovem: Aceito sem reservas. A impressão que eu tenho é que você está focando apenas nos aspectos negativos da competição. Pense nisso de modo mais amplo. Seja na escola, nos eventos artísticos e esportivos ou nas atividades econômicas, é a presença de nossos rivais, sempre nos desafiando, que nos leva a intensificar nossos esforços. O princípio da competição é a fonte de energia que faz nossa sociedade avançar.

Filósofo: Será? Quando ensinamos às crianças o princípio da competição e as estimulamos a competir com as outras, o que você acha que acontece? O oponente é um inimigo. Em pouco tempo, as crianças começam a adotar um estilo de vida segundo o qual todas as outras pessoas são inimigas, estão sempre buscando maneiras de enganá-las e nunca devem ser subestimadas.

Jovem: Por que você é tão pessimista? Não tem ideia de como a existência de um rival estimula o desenvolvimento humano. Nem imagina que um oponente possa se tornar um amigo próximo e confiável. Acho que você passou a vida mergulhado na filosofia, solitário, sem amigos ou rivais próximos. Começo a sentir pena de você.

Filósofo: Aceito sem reservas o valor de ter um amigo fraterno que possa ser chamado de rival. No entanto, não há necessidade alguma de competir com esse rival, nem se deve fazer isso.

Jovem: Você aceita rivais mas não a competição? Está se contradizendo.

A DOENÇA DA COMUNIDADE

FILÓSOFO: Não há qualquer contradição no que digo. Tente pensar na vida como uma espécie de maratona, com rivais correndo ao seu lado. Isso pode funcionar como um estímulo e passar uma sensação reconfortante, portanto não há problema algum. Porém, quando se tem a intenção de derrotar o rival, a situação muda completamente.

O objetivo inicial, que deveria ser terminar a corrida ou correr rápido, passa a ser derrotar uma pessoa. O rival, que poderia ser um amigo fraterno, se transforma em um inimigo a ser vencido... E isso desperta todo tipo de intimidação visando à vitória, inclusive interferências e conduta desleal. Mesmo depois de a corrida terminar, não conseguimos celebrar a vitória do rival e somos tomados por sentimentos de inveja e de inferioridade.

JOVEM: E é por isso que a competição é inaceitável?

FILÓSOFO: Onde há competição, há também intimidação e injustiça. Não existe necessidade de derrotar ninguém. Terminar a corrida não é o suficiente?

JOVEM: De jeito nenhum. Como você é ingênuo! Só um ingênuo pensaria assim!

FILÓSOFO: Então vamos parar de usar o exemplo da maratona

e voltar para a sociedade real. Diferentemente da maratona, em que as pessoas disputam para ver quem faz o melhor tempo, na sociedade comandada por um líder ditatorial não existem critérios claros para ganhar. Na sala de aula, há aspectos além do trabalho escolar que podem embasar as decisões individuais. E, apesar de os critérios de julgamento não serem claros, o mundo será implacável com quem atrapalha os companheiros, leva o crédito pelo trabalho de outro e adula os líderes de modo a concentrar todo o reconhecimento. Você testemunhou situações assim no seu local de trabalho, não é verdade?

JOVEM: Acho que sim.

FILÓSOFO: A fim de evitar o surgimento desse tipo de cenário, uma organização deve implementar uma democracia de verdade, sem recompensa e punição, e sem competição. Por favor, considere que nada poderia estar mais distante da democracia do que educar por meio da manipulação das pessoas, com recompensas e castigos.

JOVEM: Então me diga: o que acha que é a democracia? Que tipo de organização ou comunidade você chamaria de democrática?

FILÓSOFO: Uma comunidade que se baseasse não no princípio da competição, mas no princípio da cooperação.

JOVEM: Princípio da cooperação?

FILÓSOFO: Colocar a cooperação acima de tudo em vez da competição. Se você aprender a conduzir sua aula segundo o princípio da cooperação, provavelmente os alunos adotarão um estilo de vida que vê as pessoas como companheiras.

JOVEM: Entendi. "Vamos todos nos dar bem e nos comportar da melhor forma." Esse tipo de sonho não se sustenta, nem mesmo no jardim de infância!

FILÓSOFO: Imagine que um aluno apresentou vários comportamentos problemáticos. Muitos educadores pensariam: "O que devo fazer com este aluno?" Considerariam elogiar, repreender ou ignorar, ou talvez até outra abordagem. Depois o chamariam para a sala dos professores e conversariam com ele pessoalmente. Mas essa maneira de pensar é errada.

JOVEM: Por quê?

FILÓSOFO: O problema aqui é o princípio da concorrência que predomina na sala de aula. O menino não apresentou um comportamento problemático por ser mau. Se ele estivesse com pneumonia, por exemplo, não seria um caso individual, e sim como se todos os alunos estivessem seriamente doentes desde o início. O comportamento problemático do garoto foi apenas um sintoma disso. É o que defende a psicologia adleriana.

JOVEM: Uma doença de toda a sala de aula?

FILÓSOFO: Sim, uma doença chamada princípio da competição. Cabe aos educadores observar a comunidade onde o comportamento problemático está ocorrendo, não o indivíduo que se comporta mal. E então, em vez de tentar tratar o indivíduo, tratar a comunidade.

JOVEM: Como se trata uma sala de aula inteira que está com pneumonia!?

Filósofo: Basta parar de recompensar e punir e desestimular a competição continuamente, desde o início. Só assim a sala de aula ficará livre do princípio da concorrência.

Jovem: Isso seria impossível e teria o efeito contrário. Esqueceu que eu já tentei a educação sem elogios e fracassei?

Filósofo: Eu me lembro disso. Vamos parar agora para recapitular e fazer um balanço dos pontos que estamos discutindo. Em primeiro lugar, o princípio da competição – competir por força e posição – sempre resulta em relações verticais, porque cria vencedores e perdedores, conectados por uma hierarquia.

Jovem: Ok.

Filósofo: As relações horizontais defendidas pela psicologia adleriana, por outro lado, estão imbuídas do princípio da cooperação. Não competimos com ninguém; não se ganha nem se perde. Não importa se há diferenças de conhecimento, experiência ou habilidade entre você e os outros. Todas as pessoas são iguais, independentemente do desempenho escolar ou profissional, e é no próprio ato de cooperar que a construção da comunidade faz sentido.

Jovem: Então é disso que você está falando quando se refere a uma nação democrática?

Filósofo: Sim. A psicologia adleriana é uma psicologia democrática que se baseia em relacionamentos horizontais.

A VIDA COMEÇA NA INCOMPLETUDE

JOVEM: Os pontos de conflito são claros. Você está dizendo que não é um problema do indivíduo, mas da sala de aula inteira – o princípio da concorrência que predomina na sala de aula é a raiz de todo o mal.

Já eu prefiro me concentrar no indivíduo. Por quê? Bem, para usar uma palavra de que você gosta, por respeito. Cada estudante, com sua personalidade única, existe como um ser humano extraordinário. Há todo tipo de aluno: os tranquilos e bem-comportados, os bagunceiros e brilhantes, os sérios e os temperamentais. São essas características individuais que compõem o grupo.

FILÓSOFO: Sem dúvida, isso é verdade.

JOVEM: Mesmo quando você fala em democracia, está tentando não olhar para cada criança individualmente. Prefere vê-las somente como um grupo. Além disso, diz que "tudo vai mudar se mudarmos o sistema". Ora, isso é mais comunista do que qualquer coisa.

Minha opinião é diferente. Não importa se o sistema é democrático, comunista ou outro. Eu lido com a pneumonia de cada indivíduo, não com a pneumonia da turma toda.

FILÓSOFO: Porque é isso que você sempre fez.

JOVEM: De modo concreto, como você trata a pneumonia do grupo? Esse é outro ponto de conflito. Minha resposta é: com aprovação. Atendendo à necessidade que as crianças têm de aprovação.

FILÓSOFO: Humm..

JOVEM: Eu entendo você negar a necessidade de aprovação, mas eu a aceito. Cheguei a essa conclusão com base na minha experiência pessoal, por isso não vou ceder com facilidade. Em sua busca de aprovação, essas crianças ficam doentes dos pulmões e paralisadas de frio.

FILÓSOFO: Você poderia explicar o raciocínio por trás de sua conclusão?

JOVEM: A psicologia adleriana nega a necessidade de aprovação. Por quê? A razão é que, como resultado do desejo de ser aceita pelo outro, a pessoa que precisa de aprovação viverá de acordo com os desejos do outro, mesmo que não se dê conta disso. Ou seja, viverá a vida de outra pessoa.

Mas ninguém vive para satisfazer as expectativas do outro. Não devemos escolher um estilo de vida que satisfaça as expectativas de outra pessoa, seja ela seu pai, professor ou o que for. Entendi direito?

FILÓSOFO: Sim.

JOVEM: Quando nos preocupamos o tempo todo com o julgamento alheio, deixamos de viver nossa própria vida e adotamos um estilo de vida que não é livre. Mas temos que ser livres e, se desejamos a liberdade, não devemos buscar aprovação... Compreendi certo, não é?

Filósofo: Sim, perfeitamente.

Jovem: Essa história é realmente corajosa, mas você sabe que, infelizmente, não conseguimos ser duros o suficiente. Até você cederia se observasse a realidade cotidiana dos alunos. Eles fazem de tudo para se mostrarem fortes, mas no fundo são profundamente inseguros. Não parecem capazes de desenvolver a autoconfiança, se sentem inferiores e precisam da aprovação alheia.

Filósofo: É assim mesmo.

Jovem: Não concorde de maneira tão leviana, seu Sócrates ultrapassado! Veja bem, as pessoas às quais você se refere são basicamente estátuas de Davi.

Filósofo: Estátuas de Davi?

Jovem: Sim. Sabe a estátua de Davi, esculpida por Michelangelo? É uma representação idealizada do corpo humano, de proporções perfeitas, músculos bem delineados e sem um pingo de flacidez. Mas é uma imagem desprovida de carne e osso, irreal. Pessoas de verdade têm dor de estômago e sangram, mas você sempre fala delas como se fossem essa estátua idealizada de Davi.

Filósofo: É uma maneira interessante de ver o assunto.

JOVEM: Meu foco são as pessoas de verdade. Refiro-me a crianças sensíveis e individualistas que são difíceis e vulneráveis em todos os sentidos. Preciso satisfazer a necessidade de aprovação de cada uma delas individualmente e da maneira mais saudável. Ou seja, tenho que fazer elogios. Se eu não fizer, elas não conseguirão recuperar a coragem perdida.

Você veste a máscara de homem virtuoso, mas mantém os mais fracos ao alcance da mão. Criou teorias idealizadas do que é heroico e corajoso que, no entanto, não servem para as pessoas de verdade.

FILÓSOFO: Sei... Apesar de minhas palavras soarem como teorias idealistas e impraticáveis, não era essa minha intenção. A filosofia deve ser uma investigação bem fundamentada, consciente de que os ideais almejados são apenas isto: ideais. Vamos olhar de outro ângulo e refletir sobre as razões pelas quais a psicologia adleriana não aceita a necessidade de aprovação.

JOVEM: Ah... Sempre tentando justificar tudo, exatamente como Sócrates.

FILÓSOFO: O que você acabou de falar, sobre as crianças se sentirem inferiores, é fundamental.

JOVEM: Você quer falar sobre sentimento de inferioridade? Ok, vamos lá. Sou especialista nisso.

FILÓSOFO: Para começar, durante a infância, todos os humanos, sem exceção, experimentam sentimentos de inferioridade. Essa é a principal premissa da psicologia adleriana.

JOVEM: Sem exceção?

Filósofo: Exatamente. O ser humano talvez seja o único ser vivo cujo corpo demora mais tempo para se desenvolver do que a mente. Enquanto em outras criaturas a mente e o corpo evoluem na mesma velocidade, nossa mente se desenvolve antes. De certa forma, vivemos de mãos e pés atados porque, apesar de a mente ser livre, o corpo não é.

Jovem: Humm... um ponto de vista interessante.

Filósofo: Como resultado, as crianças humanas têm que lidar com a distância entre os aspectos mentais de "o que quero fazer" e os aspectos físicos de "o que posso fazer". Há coisas que os adultos podem fazer, mas as crianças não. As prateleiras onde os adultos guardam certas coisas estão fora do alcance delas. Os objetos pesados que os adultos carregam não podem ser erguidos por elas. E os assuntos das conversas dos adultos não podem ser discutidos por elas. As crianças se sentem impotentes ou, de certa forma, incompletas e, via de regra, não conseguem evitar o sentimento de inferioridade.

Jovem: Quer dizer que elas iniciam a vida como seres incompletos?

Filósofo: Sim, mas é claro que as crianças não são incompletas como pessoas. O que acontece é que seu crescimento físico não acompanha o desenvolvimento da mente. Os adultos se preocupam apenas com as necessidades físicas das crianças e começam a mimá-las. Tentam não se preocupar com o aspecto mental. Portanto, é natural que as crianças experimentem sentimentos de inferioridade. Mesmo que suas mentes não sejam diferentes das dos adultos, seu valor humano não é reconhecido.

Jovem: Todo mundo nasce incompleto. Portanto, todos experimentam o sentimento de inferioridade. Essa é uma visão bem pessimista.

Filósofo: Não é tão ruim assim. O sentimento de inferioridade sempre estimulou o esforço e o crescimento individual.

Jovem: Como assim?

Filósofo: Se as pernas humanas fossem tão rápidas quanto as dos cavalos, a carruagem puxada por animais nunca teria sido inventada, muito menos o veículo motorizado. Se pudéssemos voar como os pássaros, ninguém teria pensado no avião. Se tivéssemos a pelagem do urso-polar, não teríamos as roupas de inverno e, se nadássemos como os golfinhos, tampouco precisaríamos de barcos ou bússolas marítimas.
    A civilização é produto da necessidade de compensar a fragilidade biológica do ser humano, e a história da raça humana é a narrativa de sua vitória sobre o sentimento de inferioridade.

Jovem: Então foi por causa da fragilidade dos seres humanos que conseguimos construir uma civilização assim?

Filósofo: Exatamente. Para extrapolar ainda mais, é por conta dessa fragilidade que os seres humanos criam comunidades e cultivam relacionamentos de cooperação. Desde os tempos dos caçadores-coletores vivemos em grupos e cooperamos com nossos companheiros na caça de animais e no cuidado das crianças. Não é que quiséssemos cooperar uns com os outros. É que somos frágeis, mas tão frágeis, que não conseguiríamos viver sozinhos.

JOVEM: É por causa dessa fragilidade que os humanos formaram grupos e construíram a sociedade. Portanto, nosso poder e nossa civilização são frutos de nossa fragilidade.

FILÓSOFO: Veja de outra forma. Nada é mais assustador para os seres humanos do que o isolamento. A solidão é uma ameaça à segurança física e mental dos indivíduos. Instintivamente, temos consciência de que não podemos viver sozinhos. Então estamos sempre em busca de uma ligação forte com outras pessoas. Entende o que isso significa?

JOVEM: Não. O quê?

FILÓSOFO: Todo mundo tem dentro de si mesmo a sensação de comunidade. É algo muito ligado à identidade humana.

JOVEM: Sim.

FILÓSOFO: Da mesma forma que ninguém imagina uma tartaruga sem o casco ou uma girafa com o pescoço curto, não existe ser humano completamente isolado das outras pessoas. A sensação de comunidade não é algo adquirido, mas algo que temos dentro de nós, e por isso pode ser compartilhado como um sentimento. Como explica Adler: "A sensação de comunidade é sempre um reflexo da fragilidade do corpo; não é possível apartá-las."

JOVEM: A sensação de comunidade é resultado da fragilidade humana.

FILÓSOFO: Os seres humanos são fisicamente frágeis, mas a mente humana é incomparavelmente superior à de qualquer outro animal. Tenho certeza de que você sabe muito bem que passar os dias competindo com um companheiro contraria os princípios da natureza. A sensação de comunidade não é um ideal sonhado, mas um aspecto fundamental da vida que existe dentro de nós, seres humanos.

Sensação de comunidade: o conceito-chave da psicologia adleriana, que ele demorou tanto para compreender e cuja verdade interior até então era insondável, agora estava claro como o dia. É por causa de sua fragilidade física que os humanos criam comunidades e estabelecem relações de cooperação. Os seres humanos sempre buscam se conectar com outros seres humanos. A sensação de comunidade está presente em todos. Assim disse o FILÓSOFO: *Descubra sua própria sensação de comunidade e busque se conectar com as outras pessoas...* Com dificuldade, o jovem arriscou uma pergunta.

A CORAGEM DE SER
QUEM VOCÊ É

JOVEM: Mas... por que a existência dos sentimentos de inferioridade e de comunidade está ligada à não aceitação da necessidade de aprovação? A aprovação recíproca deveria fortalecer a conexão.

FILÓSOFO: Este é um bom momento para relembrar os cinco estágios do comportamento problemático.

JOVEM: Certo. Eu tenho isso anotado aqui.

FILÓSOFO: Você se lembra das metas dos estudantes, de sua necessidade de admiração e de chamar atenção, e de suas lutas pelo poder?

JOVEM: Eles querem ser reconhecidos e conquistar uma posição especial na sala de aula. É isso, não é?

FILÓSOFO: Sim. E o que é conquistar uma posição especial? Por que eles buscam isso? Qual é a sua opinião?

JOVEM: Imagino que queiram ser respeitados, vistos como superiores, algo assim.

FILÓSOFO: A rigor, não. Na psicologia adleriana, a necessidade mais fundamental do ser humano é a sensação de pertencimento. Ou seja, não queremos ficar isolados. Buscamos a sensação real de que "é bom estar aqui". O isolamento leva à morte social, até mesmo à morte biológica. E como alcançar a sensação de pertencimento? Conquistando uma posição especial dentro da comunidade. Diferenciando-se dos outros.

JOVEM: Diferenciando-se dos outros?

FILÓSOFO: Exatamente. O "eu" insubstituível deles não pode se tornar "todo mundo". Precisam garantir uma posição para chamar de sua a qualquer momento. Não devem permitir hesitação alguma em sua sensação de pertencimento, de que "é bom estar aqui".

JOVEM: Se for esse o caso, só confirma minha opinião. Ao fazer elogios e atender a necessidade de aprovação do outro, a mensagem é: "Você não é um ser incompleto" e "Você tem valor". Não há outra maneira!

FILÓSOFO: Você está errado. Infelizmente, se eles continuarem nessa direção, não conseguirão perceber seu verdadeiro valor.

JOVEM: Não entendi.

FILÓSOFO: A aprovação nunca tem fim. Em dado momento, eles são elogiados e aprovados pelos outros e, como resultado, encontram alguma realização passageira em seu próprio valor. No entanto, todo sentimento de alegria conquistado dessa forma não passa de algo externo que lhes foi concedido. É como se fossem como bonecos de corda que não se mexem a menos que outra pessoa lhes dê corda.

JOVEM: Talvez, mas...

FILÓSOFO: Quem só consegue ser verdadeiramente feliz ao ser elogiado perseguirá cada vez mais elogios até o último momento de sua vida. Tamanha dependência levará a uma vida de busca incessante, sem realização.

JOVEM: Então qual é a saída?

FILÓSOFO: Em vez de procurar aprovação, é preciso aprovar a si mesmo, internamente.

JOVEM: Aprovar a si mesmo?

FILÓSOFO: Deixar que outra pessoa decida o valor do "eu" – isso é dependência. Deixar que eu mesmo determine o valor do "eu" – isso é autossuficiência. Se alguém perguntar que escolha leva a uma vida feliz, a resposta deve ser clara: não permitir que seu valor seja decidido por outra pessoa.

JOVEM: Isso é impossível. Não confiamos em nós mesmos, e é exatamente por isso que precisamos da aprovação alheia.

FILÓSOFO: Talvez isso aconteça porque não temos coragem de agir com naturalidade. Não há problema em ser como somos. O seu lugar já existe, sem que você precise provar-se especial ou destacar-se de alguma forma. Vamos aceitar o nosso eu comum, pois somos iguais a todo mundo.

JOVEM: Então eu sou uma pessoa comum, sem nenhuma característica especial?

Filósofo: E não é?

Jovem: Ah. Fazer um insulto desses é algo perfeitamente natural para você, não é mesmo? É o maior insulto que já ouvi na vida.

Filósofo: Não é um insulto. Sou uma pessoa comum, normal, e a normalidade é um aspecto da individualidade. Nada para se envergonhar.

Jovem: Chega de sarcasmo. Quem, hoje em dia, não consideraria um insulto ouvir que "é um ser humano comum"? Quem se sentiria reconfortado ao ouvir que "isso também faz parte da individualidade"? Quem levaria você a sério?

Filósofo: Se você se sente insultado por essas palavras é porque provavelmente ainda está tentando ser uma pessoa "especial". Consequentemente, busca a aprovação dos outros. Para isso, precisa conquistar admiração, tenta chamar atenção e continua repetindo o padrão do comportamento problemático.

Jovem: Pare com isso. Pare com essa brincadeira.

Filósofo: Olhe, em vez de atribuir valor a diferenciar-se dos outros, valorize quem você é. Essa é a verdadeira individualidade. Um estilo de vida no qual, em vez de ser você mesmo, você se compara com os outros e tenta destacar apenas suas diferenças não passa de uma maneira de enganar a si mesmo e aos outros.

Jovem: Está dizendo que, em vez de enfatizar minha diferença em relação aos outros, devo me valorizar, ainda que pela mediocridade?

Filósofo: Sim, porque a individualidade não é relativa... Ela é absoluta.

Jovem: Bem, vamos falar sobre a conclusão a que cheguei no que diz respeito a essa individualidade e assuntos correlatos. É uma conclusão que parece indicar as limitações da educação escolar.

Filósofo: Humm. Eu gostaria de ouvir sobre isso.

ESSE COMPORTAMENTO PROBLEMÁTICO TEM UM ALVO: VOCÊ

JOVEM: Não sei se deveria dizer isso ou não, mas lá vai... Está na hora de ser honesto. No fundo, acho que a educação escolar tem limitações.

FILÓSOFO: Limitações?

JOVEM: Isso mesmo. Para nós, educadores, existe um limite para o que pode ser feito.

FILÓSOFO: Como assim?

JOVEM: Na sala de aula, há alunos brilhantes e extrovertidos e alunos humildes e discretos. Para usar a terminologia de Adler, cada um tem o próprio estilo de vida ou visão de mundo. Ninguém é igual. Isso se chama individualidade, certo?

FILÓSOFO: Sim.

JOVEM: Então de onde eles tiram seus estilos de vida? Sem dúvida, de suas famílias.

Filósofo: De fato, a influência da família é bastante forte.

Jovem: Os alunos passam a maior parte do dia em casa e compartilham o cotidiano com suas famílias, sob o mesmo teto. Alguns pais são apaixonados por educação, outros têm uma postura mais passiva. Muitas famílias têm pais divorciados ou separados; em alguns casos, um dos dois morreu. Existem diferentes situações econômicas e, é claro, há pais que abusam de seus filhos.

Filósofo: Sim, infelizmente.

Jovem: Por outro lado, o tempo que nós, professores, podemos dedicar a cada aluno até ele se formar é pouco. Em comparação com os pais, que podem dedicar quase a vida inteira, as precondições são muito diferentes.

Filósofo: E o que você conclui disso?

Jovem: Em primeiro lugar, a educação mais ampla, que inclui a formação da personalidade, é responsabilidade da família. Em outras palavras, no caso de uma criança problemática violenta, os pais devem assumir a evidente responsabilidade por terem criado uma criança assim. Não há dúvida de que isso não é responsabilidade da escola. Portanto, o papel que se espera de nós, professores, é o da educação estritamente definida, ou seja, a educação curricular. Não podemos ir além disso. Eu me sinto muito envergonhado com essa conclusão, mas é a realidade.

Filósofo: Entendo. Adler provavelmente rejeitaria essa conclusão apressada.

Jovem: Por quê?

Filósofo: Porque a conclusão a que você chegou desconsidera as personalidades das crianças.

Jovem: Desconsidera as personalidades delas?

Filósofo: Na psicologia adleriana, encaramos toda palavra e toda ação humana no contexto de uma relação interpessoal. Por exemplo, quando a pessoa tenta cortar os pulsos ou pratica outro tipo de automutilação, achamos que essa conduta pretendia atingir alguém. O ato de automutilação é dirigido a alguém, assim como o comportamento problemático de vingança. Ou seja, todas as palavras e ações são direcionadas a outra parte.

Jovem: E daí?

Filósofo: Como os estudantes sob sua responsabilidade se comportam quando estão com suas famílias? Não temos como saber. Duvido que mostrem o mesmo comportamento que têm na escola. Porque, seja qual for a atitude perante os pais, professores, amigos ou colegas da escola, ninguém se comporta da mesma forma o tempo todo.

Jovem: Talvez.

Filósofo: Suponhamos que há um aluno na sua sala de aula que apresenta com frequência comportamentos problemáticos. A quem esse mau comportamento se dirige? A você, é claro.

Jovem: O quê?

Filósofo: Quando o aluno age assim em sala de aula, está repetidamente direcionando seu comportamento problemático a você e a mais ninguém. Não é um problema dos pais. É um problema que diz respeito ao seu relacionamento com ele.

JOVEM: Está dizendo que a educação familiar dele não faz diferença?

FILÓSOFO: Não temos como saber e não podemos intervir. Apesar disso, nesse momento ele está enfrentando você e tomando decisões com o objetivo de "perturbar a aula desse professor" ou "ignorar o dever de casa que esse professor passou". Claro, há casos em que o aluno tem atitudes problemáticas na escola e, ao mesmo tempo, decide ser bem-comportado na frente dos pais. Como se trata de um comportamento dirigido a você, sua missão é, acima de tudo, compreender.

JOVEM: E eu é que preciso resolver isso?

FILÓSOFO: Você entendeu exatamente o espírito da coisa. É um pedido de ajuda a você e a ninguém mais.

JOVEM: Aquelas crianças continuam se comportando mal apenas comigo...

FILÓSOFO: Para completar, fazem isso bem na sua frente e escolhem os momentos em que você estiver olhando. Buscam uma posição em um mundo que não é a casa delas, ou seja, na sua sala de aula. Por meio do respeito, você tem que mostrar a elas qual é essa posição.

POR QUE ALGUÉM DESEJA
SE TORNAR UM SALVADOR

Jovem: Adler é absolutamente aterrorizante. Se eu não tivesse aprendido sobre ele, não estaria enfrentando tantas dificuldades. Teria orientado meus alunos com firmeza, gritando com aqueles que deveriam ser repreendidos e elogiando os que merecem elogios, como fazem os outros professores. Os alunos seriam gratos a mim e eu teria obtido sucesso no meu papel de educador, que é minha vocação. Ah, como eu gostaria de nunca ter ouvido falar desses ideais!

Filósofo: É verdade que, depois de conhecer o pensamento de Adler, não há volta. Mesmo pessoas como você, que tentam renegar Adler, alegando que sua teoria é "idealista" ou "anticientífica", não conseguem desistir dele. No fundo, permanece uma sensação de incongruência, e as pessoas não conseguem deixar de ter consciência de suas "mentiras". Pode-se dizer que Adler é um potente remédio para a vida.

Jovem: Vamos resolver os pontos de discussão até agora. Em primeiro lugar, não se deve repreender as crianças. A repreensão afeta o respeito mútuo. E a raiva e a reprimenda são meios de comunicação de baixo custo, imaturos e violentos. Entendi direito?

Filósofo: Sim.

Jovem: E, repetindo, também não se deve elogiar. Os elogios promovem o princípio da competição na comunidade e sugerem à criança um estilo de vida, ou uma visão de mundo, que considera as outras pessoas inimigas.

Filósofo: Exatamente.

Jovem: Além disso, a repreensão e o elogio, ou, em outras palavras, a punição e a recompensa, atrapalham a conquista da autossuficiência. Porque recompensar e punir são condutas que mantêm a criança sob controle, e os adultos que apostam nessa conduta, no fundo, têm medo da autossuficiência da criança.

Filósofo: Eles querem que a criança permaneça criança para sempre. Consequentemente, usam a recompensa e a punição como forma de controle. Recorrendo a desculpas como "Estou fazendo isso para o seu bem" ou "É que estou preocupado com você", tentam impedir a criança de amadurecer. Esse tipo de atitude em adultos é desrespeitoso e não favorece bons relacionamentos.

Jovem: Isso não é tudo. Adler nega até mesmo a necessidade de aprovação. Ele diz que não devemos procurar a aprovação dos outros, mas sim buscar nossa própria aprovação.

Filósofo: Sim. Esse é um problema que deve ser considerado no contexto da autossuficiência.

Jovem: Eu sei. A autossuficiência é a determinação do próprio valor. A necessidade de aprovação, de entregar ao outro a decisão sobre quanto você vale, é apenas dependência. É isso que você está dizendo, certo?

Filósofo: Sim. Algumas pessoas, ao ouvir o termo autossuficiência, só conseguem pensar nos aspectos econômicos. Há crianças de 10 anos que são autossuficientes, e pessoas com 50, 60 anos que não são. A autossuficiência é uma questão da psique.

Jovem: Ok. Essa lógica é maravilhosa. Como uma filosofia apresentada aqui neste gabinete, ela é irrepreensível.

Filósofo: Mas você não está satisfeito com essa filosofia.

Jovem: É, não estou. Se ela se resumir a uma filosofia e não puder ser aplicada de modo científico, prático, que pareça plausível fora dos limites deste gabinete (e, principalmente, na minha sala de aula), então não poderei concordar com ela.

Foi você que me apresentou a Adler. Obviamente, cabe a mim tomar a decisão final. Mas, se você for apenas estabelecer as proibições ("não se deve fazer isso" e "não se deve fazer aquilo", entre outras), sem indicar alternativas, fico de mãos atadas. Do jeito que as coisas estão, não posso voltar à pedagogia do estilo recompensa-punição nem estou pronto para confiar na pedagogia de Adler.

Filósofo: A resposta é provavelmente simples.

Jovem: Talvez seja simples para você, porque tudo que você consegue dizer é "Acredite em Adler", "Escolha Adler".

Filósofo: Não. A esta altura, não importa se você vai desistir ou não de Adler. O mais importante a fazer agora é se afastar do tema educação por um tempo.

Jovem: Me afastar da educação?

Filósofo: Estou dizendo isso como amigo. Você falou sobre educação o dia todo, mas não é aí que estão seus verdadeiros problemas. Você ainda não aprendeu a ser feliz. Não teve coragem de ser feliz. Não escolheu o caminho da educação porque queria salvar as crianças. Você queria ser salvo por meio do ato de salvá-las.

Jovem: O que está querendo dizer?

Filósofo: Ao salvar outra pessoa, tentamos salvar a nós mesmos. Quem encarna uma espécie de salvador está em busca de compreender o próprio valor. É o tipo de complexo de superioridade a que sucumbem aqueles incapazes de se livrar do sentimento de inferioridade, o conhecido complexo de messias. É uma perversão mental querer ser um messias, salvar os outros.

Jovem: Não fale besteira. O que está sugerindo agora?

Filósofo: Contestar com irritação também demonstra um sentimento de inferioridade. Quando a pessoa se sente inferiorizada, ela tenta resolver recorrendo à raiva.

Jovem: Você...!

Filósofo: O importante é o que vamos abordar a seguir. Quando a pessoa está infeliz, salvar alguém não traz autossatisfação nem felicidade. Enquanto salva crianças, você ainda está imerso em infelicidade. Continua desejando compreender o próprio valor. Se esse for o caso, não vale a pena mudar de teoria educacional. Encontre a felicidade por conta própria. Caso contrário, qualquer discussão que surgir aqui provavelmente acabará em uma troca inútil de injúrias.

JOVEM: Inútil? Esta conversa será inútil?

FILÓSOFO: Se você decidir não mudar as coisas, respeitarei essa decisão. Tudo bem voltar à escola do jeito que você está. Mas, se decidir mudar, então hoje é o único dia para fazer isso.

JOVEM: Ora...

FILÓSOFO: Falamos de coisas que ultrapassam os limites do trabalho ou da educação... Têm a ver com questionar a própria vida.

Afaste-se da discussão sobre educação. Você não quer salvar as crianças – está apenas preso em uma espiral de infelicidade e quer se salvar por meio da educação. *Para o jovem, essas palavras equivaliam a uma recomendação para se demitir, renegando tudo o que ele era como educador.* Abri meus olhos para a luz brilhante de Adler e me dediquei ao caminho da educação mesmo com todas as dificuldades. É isso que me espera? Então um pensamento lhe ocorreu: Gostaria de saber se foi assim que o povo de Atenas se sentiu quando informou a Sócrates que ele tinha sido condenado à morte. Esse homem é muito perigoso. Se deixarmos que ele siga com seus planos nefastos, o veneno de seu niilismo se espalhará pelo mundo.

EDUCAÇÃO É AMIZADE, NÃO TRABALHO

Jovem: Você tem que agradecer por eu ter autocontrole. Se fosse há 10 anos, ou mesmo há cinco, eu provavelmente já teria esmurrado o seu nariz.

Filósofo: Bem... Seria chato, mas entendo o que está dizendo. O próprio Adler foi vítima da violência de alguns clientes.

Jovem: Aposto que foi. É o que se ganha por defender opiniões tão radicais.

Filósofo: Certa vez, Adler teve uma paciente que sofria de doença mental grave. A menina tinha os sintomas havia oito anos, e dois anos antes da consulta com Adler acharam necessário interná-la em uma clínica. Na primeira consulta, Adler escreveu: "Ela latiu como um cão, cuspiu, rasgou as roupas e tentou comer um lenço."

Jovem: Isso está fora do escopo da terapia.

Filósofo: Verdade. Os sintomas eram tão graves que o médico tinha desistido do caso dela. Por isso, pediu que Adler a examinasse para ver se tinha como ajudá-la.

JOVEM: E ele ajudou?

FILÓSOFO: Sim. No final, ela se recuperou e conseguiu voltar a viver em sociedade, sustentando a si mesma e convivendo harmoniosamente com os demais. Segundo Adler, "quem a vê agora não acredita que ela esteve internada por insanidade".

JOVEM: Que tipo de magia ele usou?

FILÓSOFO: Não há magia na psicologia adleriana. Adler simplesmente conversou com a menina durante oito dias seguidos. Apesar de ela não ter falado nada, ele continuou a fazer seu trabalho de orientação. Depois de 30 dias, ela começou a se expressar de uma maneira confusa e ininteligível.

Adler entendeu por que ela se comportou como um cachorro: achava que a mãe a tratava como se ela fosse um cão. Ele não sabia se isso era real, mas era como a menina se sentia, por isso, em um ato de rebeldia contra a mãe, resolveu inconscientemente assumir o papel.

JOVEM: Uma espécie de autoflagelação, por assim dizer?

FILÓSOFO: Exatamente, autoflagelação. A dignidade dessa menina foi ferida, e ela decidiu manter a ferida aberta com as próprias mãos. É por isso que Adler teve paciência e a tratou como trataria qualquer outro ser humano.

JOVEM: Entendo...

FILÓSOFO: A terapia continuou, até que um dia, de repente, a menina começou a bater em Adler. O que ele fez? Não ofereceu resistência: deixou que ela o agredisse. Sem nada que a detivesse, a menina quebrou uma janela e cortou a mão no vidro. Adler, sempre calmo, fez um curativo.

Jovem: Parece uma cena bíblica, não é mesmo? Você está tentando me vender Adler como uma espécie de santo. Só rindo... Desculpe, mas não me enganam assim tão facilmente.

Filósofo: Claro que Adler não era santo e não escolheu o caminho da passividade por questões morais.

Jovem: Então por que ele se deixou agredir?

Filósofo: Adler explicou que, quando a menina começou a falar, ele sentiu que "era amigo dela". Quando ela passou a atacá-lo sem motivo, ele simplesmente deixou que ela o agredisse e a olhou com carinho. Em outras palavras, Adler não agiu assim por conta do trabalho ou da profissão, mas por amizade.

Digamos que um amigo seu, que teve uma doença mental por muito tempo, de repente ficasse confuso e começasse a bater em você... Se você conseguir imaginar tal cena, então talvez consiga perceber que não havia nada de incomum nas ações de Adler.

Jovem: Eu consigo entender se a pessoa for realmente amiga.

Filósofo: Chegou o momento de relembrarmos esta declaração: "A terapia é reeducação para a autossuficiência, e o terapeuta é um educador." E, além disso, a definição: "O educador é um terapeuta."

Adler, que era ao mesmo tempo terapeuta e educador, interagia com cada cliente como se fosse um amigo. Portanto, você também deve interagir com os alunos como se eles fossem seus amigos. Você também é educador e terapeuta.

JOVEM: Como assim?

FILÓSOFO: O motivo pelo qual você fracassou no ensino ao estilo adleriano e ainda não conseguiu encontrar a verdadeira felicidade é simples. É que você tem evitado as três tarefas da vida: trabalho, amizade e amor.

JOVEM: Tarefas da vida?

FILÓSOFO: Você está tentando lidar com seus alunos como se eles fossem trabalho. Mas, como Adler demonstra com a própria experiência, seu relacionamento com os alunos é de amizade. Você começou com o pé esquerdo e, se não tomar uma atitude, não obterá um bom resultado em sala de aula.

JOVEM: Você está falando bobagem. Acha que devo me comportar como se fosse amigo dessas crianças?

FILÓSOFO: Não é para se comportar como se fosse amigo. É para construir uma relação de amizade, no sentido mais verdadeiro da palavra.

JOVEM: Você está errado. Tenho orgulho de ser um educador profissional. É exatamente por ser um profissional, e por ser remunerado pelo trabalho que faço, que consigo assumir tamanha responsabilidade.

FILÓSOFO: Entendo o que quer dizer, mas minha opinião continua a mesma. O relacionamento que se deve ter com os alunos é de amizade.
Há três anos, não conseguimos aprofundar a discussão sobre as tarefas da vida. Quando você entender as tarefas da vida, acho

que conseguirá compreender a frase que eu disse hoje, logo no início – "A escolha mais importante da vida" – e o significado da coragem de ser feliz.

JOVEM: E se eu não estiver convencido?

FILÓSOFO: Então você deve simplesmente desistir de Adler, e de mim também.

JOVEM: Engraçado. Você é um poço de autoconfiança, não é?

PARTE IV

Deem, e lhes será dado

Não havia relógio no gabinete do filósofo. Há quanto tempo eles estavam envolvidos naquela discussão? Quantas horas faltavam para o amanhecer? Enquanto se censurava por ter esquecido o relógio, o jovem refletia sobre o conteúdo da conversa dos dois até o momento. *Complexo de messias? Construir uma relação de amizade com os alunos? Não estou aqui para brincar. Você diz que entendi mal Adler, mas é você que se engana a meu respeito. E é você que está evitando suas tarefas da vida, deixando de se conectar com outras pessoas, fechando-se em seus estudos!*

TODA ALEGRIA É A ALEGRIA DO RELACIONAMENTO INTERPESSOAL

JOVEM: Estou profundamente infeliz neste momento. E também preocupado, não com a educação escolar, mas com a minha própria vida. Eu me sinto assim porque venho evitando minhas tarefas da vida... É isso que você está me dizendo, certo?

FILÓSOFO: Se quiser resumir em poucas palavras, sim.

JOVEM: Além disso, está afirmando que, em vez de lidar com meus alunos como se eles fossem parte do meu trabalho, devo construir relações de amizade com eles. Porque, em outras palavras, é o que Adler fez. Adler lidava com os clientes como se fossem amigos. Como ele agia assim, eu deveria fazer o mesmo... Você acha que essa seria uma razão convincente para mim?

FILÓSOFO: Se eu achasse que você deveria fazer algo apenas porque Adler fez, duvido muito que conseguisse convencê-lo. A base do meu argumento é outra.

JOVEM: Se você não disser do que se trata é porque isso não passa de um pretexto.

Filósofo: Muito bem. Adler chamou de "tarefas da vida" as tarefas que um indivíduo deve enfrentar para viver em sociedade.

Jovem: Sei... As tarefas do trabalho, da amizade e do amor, certo?

Filósofo: Sim. O ponto importante aqui é que são tarefas que envolvem relações interpessoais. Em uma tarefa do trabalho, por exemplo, em vez de tratarmos o próprio trabalho como a tarefa, nos concentramos nos relacionamentos interpessoais associados a ela. Nesse sentido, pode ser mais fácil de entender as tarefas se pensarmos nelas como relacionamentos profissionais, relacionamentos de amizade e relacionamentos amorosos.

Jovem: Então, em outras palavras, o foco está nos relacionamentos, não nas ações.

Filósofo: Correto. E por que Adler foca nos relacionamentos interpessoais? Esse aspecto está na essência da psicologia adleriana. Você sabe a resposta?

Jovem: Acho que é a premissa dele segundo a qual "todos os problemas têm base nos relacionamentos interpessoais", ou seja, a definição adleriana de sofrimento.

Filósofo: Está certo. Mas essa definição por si só precisa ser explicada. Em primeiro lugar, por que ele afirma que todos os problemas têm base nos relacionamentos interpessoais? Para Adler...

Jovem: Ah, seja objetivo. Vou explicar de forma resumida para acabar logo com isso. "Todos os problemas têm base nos relacionamentos interpessoais." Para entender o verdadeiro significado dessa frase, basta pensar no oposto.

Supondo que só houvesse uma pessoa no universo, como seria? Muito provavelmente seria um mundo em que nem a linguagem nem a lógica existiriam. Não haveria competição, inveja ou solidão, porque, para que o ser humano se sinta isolado, é preciso existir uma pessoa evitando outra. A solidão não existe se o indivíduo está de fato sozinho.

FILÓSOFO: Sim, a solidão só existe em relacionamentos.

JOVEM: Na verdade, essa hipótese é impossível. De modo geral, não podemos viver longe dos demais. Cada pessoa nasce do útero de uma mãe e é alimentada pelo leite materno. Ao nascer, não temos capacidade nem de virar na cama por conta própria, muito menos de nos nutrirmos sozinhos.

Portanto, quando ainda somos bebês, no momento em que abrimos os olhos e constatamos a existência de outra pessoa – que, na maioria dos casos, é a mãe –, nasce a sociedade. Com a presença do pai, dos irmãos e de pessoas de fora da família, a sociedade se torna cada vez mais complexa.

FILÓSOFO: Verdade.

JOVEM: Com a sociedade, nasce também o sofrimento. A sociedade nos expõe a conflitos, competições, inveja e solidão, sem contar o sentimento de inferioridade. Entre o "eu" e "essa pessoa" há uma enorme dissonância. Não podemos mais voltar àqueles tempos tranquilos em que estávamos mergulhados no líquido amniótico quentinho. Não temos escolha a não ser viver no burburinho incessante da sociedade humana.

Se não existissem outras pessoas, não existiriam problemas.

Mas não há como escapar da existência dos demais. Portanto, todos os problemas têm base nos relacionamentos interpessoais... Há algo errado nesse raciocínio?

Filósofo: Não, você tem feito excelentes resumos das questões. Mas permita-me acrescentar um ponto. Se todos os problemas têm base nos relacionamentos interpessoais, então não há mal em cortar relações com as outras pessoas? Está tudo bem se nos afastarmos dos demais e nos trancarmos no quarto?

Não, isso seria péssimo. E a razão é simples: as relações interpessoais são também a fonte da alegria da humanidade. Uma pessoa sozinha no universo teria uma vida totalmente monótona e inexpressiva. Sem problemas, mas, com certeza, também sem alegrias.

Quando Adler diz que "todos os problemas têm base nos relacionamentos interpessoais", ele está definindo a felicidade: "Toda alegria é a alegria do relacionamento interpessoal."

Jovem: Que é exatamente a razão pela qual precisamos enfrentar as tarefas da vida.

Filósofo: Isso mesmo.

Jovem: Tudo bem, mas... por que tenho que manter uma relação de amizade com meus alunos?

Filósofo: Para começar, o que é a amizade? Por que recebemos a tarefa da amizade? Vamos nos guiar pelas palavras de Adler: "Na amizade, vemos com os olhos do outro, ouvimos com os ouvidos do outro e sentimos com o coração do outro."

Jovem: Você já falou disso...

Filósofo: Sim, é a definição da sensação de comunidade.

Jovem: Está dizendo que adquirimos conhecimento humano e a sensação de comunidade por meio das relações de amizade?

Filósofo: Não, a palavra "adquirir" é incorreta. Mais cedo, falei da sensação de comunidade como algo que todas as pessoas têm dentro de si. Não é algo que elas se esforcem para adquirir, mas que descobrem em si mesmas. Assim, para ser preciso, é um sentimento que encontramos na amizade. É nas relações de amizade que nossa contribuição para os outros é testada. Uma pessoa que não faz amizades não pode achar que encontrará um lugar para chamar de seu na comunidade.

Jovem: Espere aí...

Filósofo: Não, vou continuar até concluir. A preocupação aqui é a seguinte: onde se põe em prática a amizade? Tenho certeza de que você já sabe a resposta. É no lugar onde as crianças aprendem sobre a amizade e começam a descobrir a sensação de comunidade. Esse lugar é a escola.

Jovem: Eu pedi que esperasse... Você está indo muito rápido e já não sei mais o que é o quê. Se a escola é o lugar onde as crianças aprendem sobre a amizade, devo me tornar amigo delas?

Filósofo: Este é um ponto mal interpretado por muitos. A relação de amizade não se limita à relação entre amigos. A amizade muitas vezes acontece mesmo quando não se pode chamar a outra pessoa de amiga. Então o que é essa coisa que Adler chama de "amizade"? Por que ela se conecta à sensação de comunidade? Vamos refletir sobre isso.

GARANTIA OU CONFIANÇA?

Jovem: Deixe-me ver se entendi. Você não está me dizendo para ser amigo daquelas crianças. É isso?

Filósofo: Sim. Há três anos, naquele último dia, quando tudo estava coberto por um manto branco de neve, expliquei a diferença entre garantia e confiança, você se lembra?

Jovem: Garantia e confiança? Você muda de assunto a toda hora. Sim, me lembro disso... Aliás, nunca esqueci, pois foi uma visão fascinante.

Filósofo: Vamos rever isso, com suas palavras. Como você explicaria "garantia"?

Jovem: Ok. Simplificando, "garantia" é acreditar na outra parte com "condições". Por exemplo, quando se toma dinheiro emprestado de um banco, é óbvio que o banco não empresta o dinheiro incondicionalmente. Ele pede garantias, como um imóvel ou um fiador, e concede o empréstimo correspondente ao valor disso. E acrescenta juros, é claro. É como se dissesse "Daremos o empréstimo porque acreditamos no valor da garantia que você nos deu" em vez de dizer "Daremos o empréstimo porque acreditamos em *você*". Ou seja, o banco não acredita na pessoa, mas na condição da pessoa.

Filósofo: E "confiança"?

Jovem: É agir sem estabelecer condições. Mesmo quando não temos motivos suficientes para acreditar, acreditamos de maneira incondicional, independentemente de garantias. Isso se chama confiança. Em vez de acreditarmos nas condições da pessoa, acreditamos nela. Pode-se até dizer que não nos orientamos pelo valor material, mas pelo valor humano.

Filósofo: Muito bem.

Jovem: Além disso, se eu puder acrescentar minha interpretação a essa explicação, diria que também é acreditar em "quem acredita nessa pessoa". Afinal, como alguém pode pedir algo como garantia se não confia no próprio julgamento? A confiança nos outros não existe sem autoconfiança.

Filósofo: Muito obrigado. Você resumiu tudo maravilhosamente.

Jovem: Sou um bom aluno, não sou? Passei muito tempo fazendo as coisas à moda de Adler e me apoiei muito em seus textos. Mas o importante é que coloquei as ideias de Adler em prática num ambiente escolar. Portanto, não o estou rejeitando impulsivamente, sem uma base de entendimento.

Filósofo: Claro que não. E, por favor, não me entenda mal, mas você não é meu discípulo nem meu aluno.

Jovem: Então pessoas insolentes como eu não são seus discípulos, é isso? Que maravilha... Estou irritando um defensor de Adler.

Filósofo: Está claro que você tem amor pela sabedoria. Sem se esquivar das dúvidas, ou de pensar com a própria cabeça, você avança em busca de uma compreensão mais elevada. Esse amor pela sabedoria faz de você um filósofo. E eu não estou em posição de ensinar nada a ninguém, pois não passo de um filósofo que ama a sabedoria e está no mesmo nível que você.

Jovem: Você é um filósofo, sem professor nem discípulos, e ainda se equipara a mim? Então é possível que venha a reconhecer seus erros e adotar meus pontos de vista?

Filósofo: Claro que sim. Espero aprender muito com você e, na realidade, surgem coisas novas toda vez que conversamos.

Jovem: Só porque está me bajulando não significa que vou deixar de fazer críticas. Aliás, por que falou em garantia e confiança?

Filósofo: Por causa das tarefas do trabalho, da amizade e do amor que Adler defende. Elas foram delineadas pela distância e pela profundidade de nossas relações interpessoais.

Jovem: Sim, você já explicou isso.

Filósofo: Mesmo assim, embora se possa pronunciar "distância" e "profundidade" num fôlego só, são conceitos difíceis de entender. Há muitos aspectos que você provavelmente interpretou mal. Por favor, pense nisso da seguinte forma: a diferença entre o trabalho e a amizade está em haver garantia ou confiança.

Jovem: Garantia ou confiança?

FILÓSOFO: Isso. Relacionamentos profissionais são relacionamentos de garantia, e relacionamentos de amizade são relacionamentos de confiança.

JOVEM: Como assim?

FILÓSOFO: As relações profissionais baseiam-se em condições que envolvem algum interesse legítimo ou fatores externos. Por exemplo, cooperamos com alguém porque, por acaso, trabalhamos na mesma empresa. Ou, mesmo que não gostemos do jeito de uma pessoa, mantemos e promovemos o relacionamento com ela por razões de negócios. Mas você não tem a intenção de manter esse relacionamento fora do mundo do trabalho. Afinal, é uma relação de "garantia", que se desenvolve como resultado de um interesse legítimo, no caso, o seu trabalho. Independentemente de suas preferências individuais, você tem que manter esse relacionamento.

Por outro lado, na amizade não precisa haver um motivo. Não há interesse legítimo nem se trata de uma relação imposta por fatores externos. É puramente uma relação baseada na seguinte motivação intrínseca: "Eu gosto dessa pessoa." Tomando emprestada a frase que você usou há pouco, acredita-se na pessoa, não nas condições dessa pessoa. Claramente, a amizade é uma relação de "confiança".

JOVEM: Ah, está ficando cansativo novamente. Por que Adler usou palavras como "trabalho" e "amizade"? Ele poderia ter falado das relações interpessoais em termos de "garantia", "confiança" e "amor" desde o início. Você está complicando as coisas e tentando me enrolar.

FILÓSOFO: Está bem. Vou explicar da forma mais simples possível a razão pela qual Adler escolheu a palavra "trabalho".

O jovem tinha certeza: *Adler provavelmente considera a pobreza uma virtude e a atividade econômica algo vulgar. É por isso que ele menospreza o trabalho e diz coisas como "Torne-se amigo dos seus alunos". Que piada!* O jovem tinha tanto orgulho de ter uma carreira quanto de ser um educador. *É precisamente porque nos dedicamos à educação como profissão, não por prazer ou caridade, que conseguimos cumprir de maneira responsável nossas obrigações profissionais.*

Sua xícara de café estava vazia e já era tarde da noite. No entanto, os olhos do jovem brilhavam intensamente.

POR QUE O TRABALHO SE TORNA UMA TAREFA DA VIDA

JOVEM: Deixe-me perguntar uma coisa: em primeiro lugar, qual era a opinião de Adler sobre o trabalho? Será que ele menosprezava o trabalho ou o ganho por meio do trabalho? Essa é uma discussão absolutamente necessária caso a psicologia adleriana, com sua tendência para o idealismo vazio, ambicione tornar-se uma teoria de verdade, bem fundamentada.

FILÓSOFO: Para Adler, o significado de se dedicar ao trabalho era simples. O trabalho é um meio de produção para a pessoa sobreviver no implacável ambiente natural da Terra. Ou seja, ele pensou no trabalho como uma tarefa diretamente ligada à sobrevivência.

JOVEM: Humm. Parece bem banal. "Trabalhe para comer?", só isso?

FILÓSOFO: Sim. Quando pensamos em sobrevivência, em sustento, é uma verdade indiscutível que os seres humanos precisam se dedicar a algum tipo de trabalho. Com base nisso, Adler se concentrou no paradigma de relacionamento interpessoal que estabelece o trabalho.

JOVEM: Relacionamento interpessoal que estabelece o trabalho? O que isso significa?

FILÓSOFO: Sem dentes afiados, asas para voar ou conchas resistentes, o ser humano é fisicamente inferior a todos os outros animais no mundo natural. É por isso que optamos por viver em grupos e aprendemos a nos proteger dos inimigos externos. Em grupos, vivemos e criamos nossos filhos ao mesmo tempo que caçamos, cultivamos a terra, garantimos o suprimento de alimentos e nossa segurança física... A conclusão que Adler tirou disso está contida em poucas e brilhantes palavras.

JOVEM: E qual é?

FILÓSOFO: Nós, humanos, não nos limitamos a formar agrupamentos: também descobrimos a maneira revolucionária de trabalhar chamada "divisão do trabalho". Essa é a estratégia de sobrevivência incomparável que a raça humana desenvolveu para compensar sua inferioridade física. Foi o que Adler concluiu.

JOVEM: Divisão do trabalho?

FILÓSOFO: Se nós apenas nos reuníssemos em bandos, não seríamos diferentes da maioria dos animais. No entanto, os seres humanos se agregaram com base em um avançado sistema de divisão do trabalho. Pode-se dizer até mesmo que criamos a sociedade para dividir o trabalho. Para Adler, as tarefas profissionais não eram apenas trabalho, mas tarefas da divisão do trabalho baseadas em nossa conexão com os outros.

JOVEM: Portanto, é por causa da nossa conexão com os outros que o trabalho é uma tarefa de relacionamento interpessoal?

FILÓSOFO: Exatamente. Por que os humanos trabalham? Para sobreviver. Para continuarem vivos no implacável mundo natural. Por que os seres humanos criaram a sociedade? Para trabalhar. Para dividir o trabalho. Viver, trabalhar e construir a sociedade são inseparáveis.

JOVEM: Humm...

FILÓSOFO: Antes de Adler, o tema da divisão do trabalho tinha sido explorado por nomes como Adam Smith, que ressaltou sua importância do ponto de vista da economia. Adler, no entanto, foi provavelmente o primeiro a reconhecer a divisão do trabalho no campo da psicologia. Além disso, foi ele que compreendeu seu significado como paradigma das relações interpessoais. É graças a esse conceito-chave que o significado do trabalho e o significado da sociedade se tornaram claros para os seres humanos.

JOVEM: Ah, esse é um assunto muito importante. Por favor, dê mais detalhes.

FILÓSOFO: As pesquisas de Adler sempre começam com as grandes questões. Como ele próprio diz: "Se vivêssemos em um planeta onde tudo fosse fácil e abundante, trabalhar não seria uma virtude. Talvez fosse um vício, e a preguiça, uma virtude."

JOVEM: Ele diz umas coisas engraçadas. E então?

FILÓSOFO: Mas não existe tal ambiente em nosso planeta. Nossa oferta de alimentos é limitada e ninguém nos fornecerá moradia. Então o que fazemos? Trabalhamos. E não trabalhamos sozinhos, mas com nossos companheiros. Segundo Adler, "a resposta lógica e pautada pelo senso comum é que devemos trabalhar, cooperar e contribuir".

JOVEM: Essa é uma conclusão lógica.

FILÓSOFO: O importante aqui é que Adler não determina que o trabalho é "certo". Independentemente do certo e errado da moral, não temos escolha a não ser trabalhar e adotar a divisão do trabalho. Não temos escolha a não ser nos relacionarmos com os outros.

JOVEM: Acho que essa conclusão vai além do certo e do errado.

FILÓSOFO: Em outras palavras, os seres humanos não podem viver sozinhos. Não é que não suportemos a solidão ou que precisemos conversar; trata-se de uma questão de sobrevivência pura e simples. E, para dividir o trabalho com outra pessoa, é preciso acreditar nela. Não podemos cooperar com alguém em quem não confiamos.

JOVEM: Essa é uma relação de garantia?

FILÓSOFO: Sim. Os seres humanos não têm a opção de não acreditar nos outros. Seria inviável não cooperar e não dividir o trabalho. Cooperamos não porque gostamos da pessoa, mas porque temos que cooperar, quer gostemos, quer não. Você pode pensar no assunto dessa forma.

JOVEM: Fascinante. Sério. É maravilhoso! Finalmente começo a entender o relacionamento profissional. A divisão do trabalho é necessária para a vida, e a garantia mútua é necessária para realizá-la. Não há alternativa. Não podemos viver sozinhos, e não confiar não é uma opção. Não temos escolha a não ser construir relacionamentos... É assim que funciona, não é?

FILÓSOFO: Sim. É realmente uma tarefa da vida.

TODAS AS PROFISSÕES
SÃO HONRADAS

Jovem: Bem, vamos ao cerne da questão. Uma relação em que não há alternativa senão confiar, uma relação em que não há alternativa senão cooperar. Isso vai além do local onde o trabalho é realizado, não é?

Filósofo: Com certeza. Acho que o exemplo mais fácil de entender seria a divisão típica dos relacionamentos profissionais entre colegas de time em competições esportivas. Para ganhar um jogo, eles não têm escolha a não ser cooperar, independentemente de suas preferências pessoais. Não podem ignorar uma pessoa porque não gostam dela, ou decidir não participar de uma partida porque não se dão bem com os colegas do time. Quando o jogo começa, você se esquece daqueles de quem gosta e de quem não gosta e trata o colega não como amigo, mas como uma das "engrenagens" do time. E você tenta se destacar como uma delas também.

Jovem: A habilidade se sobrepõe às boas relações.

Filósofo: Esses aspectos são provavelmente inevitáveis. Tanto é assim que o próprio Adam Smith afirma que o autointeresse é a base da divisão do trabalho.

Jovem: Autointeresse?

Filósofo: Imagine um homem que fabrica arcos e flechas. Se você usar a arma que ele produz, sua pontaria melhorará muito, bem como sua capacidade de matar ou ferir. A questão é que esse homem não é um especialista em caça. Ele é lento, enxerga mal... Simplesmente não é um bom caçador, apesar dos excelentes arcos e flechas que fabrica para si. Então, um dia, ele se dá conta: "Vou dedicar meu tempo à fabricação de arcos e flechas."

Jovem: Hã... Por quê?

Filósofo: Caso se dedique à fabricação de arcos e flechas, ele conseguirá produzir dezenas de unidades por dia. Se os distribuir entre os colegas que são bons caçadores, é provável que eles abatam mais animais do que antes. Além disso, nosso homem pode ficar com parte da caça dos demais. Essa opção permite a maximização do lucro para ambas as partes.

Jovem: Então não basta trabalhar em grupo. Cada pessoa deveria se dedicar ao que faz melhor.

Filósofo: Do ponto de vista dos caçadores, não haveria nada melhor do que usar arcos e flechas de alta precisão. Eles não precisariam fabricar eles mesmos as armas e poderiam se concentrar na caçada, dividindo, no final, os animais abatidos entre todos. Assim, aperfeiçoariam uma forma de divisão do trabalho mais avançada que é um passo além de sair para caçar em grupo.

Jovem: Faz sentido.

Filósofo: O importante é que ninguém se sacrifique. Ou seja, a combinação de autointeresses estabelece a divisão do trabalho. Como resultado, cria-se uma ordem econômica fixa. Essa é a divisão do trabalho concebida por Adam Smith.

JOVEM: Em uma sociedade onde vigora a divisão do trabalho, se o autointeresse for a regra, ele acaba se conectando aos interesses dos outros.

FILÓSOFO: Isso mesmo.

JOVEM: Mas Adler recomenda que cooperemos com as outras pessoas, não é? Três anos atrás, você bateu muito nessa tecla, dizendo que o objetivo de contribuir com os outros é uma grande bússola da vida, uma estrela-guia. Não há uma contradição entre isso e a ideia de dar prioridade ao próprio lucro?

FILÓSOFO: Não há contradição alguma. Primeiro, damos início aos relacionamentos profissionais. Estamos ligados às outras pessoas e à sociedade por interesses. Portanto, só depois de ter buscado atender ao nosso autointeresse é que descobrimos como oferecer uma contribuição para os outros.

JOVEM: Mesmo assim, sempre haverá superioridade e inferioridade, não é mesmo? Uma pessoa tem um trabalho importante; outra realiza tarefas sem relevância. Isso não é um desvio do princípio da igualdade?

FILÓSOFO: Nem um pouco. Do ponto de vista da divisão do trabalho, todas as profissões são honradas: primeiro-ministro, empresário, agricultor, operário ou a quase sempre ignorada profissão de dona de casa. Todo trabalho é algo que precisa ser feito por alguém na comunidade, e cada um de nós faz a sua parte.

Jovem: Então todas as formas de trabalho têm a mesma importância?

Filósofo: Sim. Parafraseando Adler no que diz respeito à divisão do trabalho, "a importância de uma pessoa é decidida pela maneira como ela cumpre seu papel na divisão do trabalho em sua comunidade". Em outras palavras, o valor da pessoa não é decidido pelo tipo de trabalho que ela realiza, mas por sua atitude ao cumprir a tarefa.

Jovem: Como assim?

Filósofo: Por exemplo, você trocou seu emprego de bibliotecário pelo de educador. Hoje, lida com dezenas de estudantes e se sente responsável pela vida deles. Seu trabalho é importante e útil para a sociedade. Talvez você pense que educação é a coisa mais importante do mundo e que, comparativamente, as outras profissões são insignificantes.

Quando se pensa na comunidade como um todo, não existe essa história de inferior ou superior em relação ao bibliotecário, ao professor do ensino fundamental ou a qualquer outro trabalho realizado por alguém. A atitude da pessoa ao realizar sua tarefa é que determina se ela é superior ou inferior.

Jovem: E qual é a atitude, nesse caso?

Filósofo: Em princípio, considera-se importante a capacidade de cada um na divisão do trabalho. Quando o emprego é em uma empresa, por exemplo, a capacidade torna-se um critério. Não há como negar isso. No entanto, uma vez implementada a divisão do trabalho, só a capacidade não basta para avaliar o caráter ou julgar como devem ser os relacionamentos. A pergunta

"Quero trabalhar com essa pessoa?" ganha relevância porque, se você não quiser, será difícil cooperar.

Os principais fatores para decidir "quero trabalhar com essa pessoa" ou "quero ajudar quando ela estiver em dificuldade" são a integridade e a atitude dela ao realizar o trabalho.

JOVEM: Ok. Então, se a pessoa for íntegra e sincera no trabalho, não há diferença entre quem realiza um trabalho essencial à manutenção da vida e quem se aproveita das fraquezas alheias e se dedica à agiotagem?

FILÓSOFO: Não, nenhuma diferença.

JOVEM: Ah!

FILÓSOFO: Existe todo tipo de trabalho na nossa comunidade, e é crucial haver pessoas que se dediquem a cada função. A diversidade por si só é abundância. Se o trabalho não tiver nenhuma importância, não será necessário a ninguém e deixará de existir. Se ele não foi eliminado e continua existindo é porque deve possuir algum valor.

JOVEM: Isso significa que até os agiotas são importantes?

FILÓSOFO: É natural que se pense assim. É um perigo defender uma justiça medíocre que determina o que é bom e o que é ruim. Uma pessoa obcecada por justiça será incapaz de reconhecer os valores dos outros e acabará defendendo alguma forma de intervenção. Teríamos então uma sociedade melancólica e sem liberdade.
Você pode realizar o trabalho da sua preferência, e os outros também.

O IMPORTANTE É O USO QUE SE FAZ DESSE EQUIPAMENTO

JOVEM: O que você chama de divisão adleriana do trabalho é um conceito bastante interessante. O ser humano no mundo natural é frágil demais para viver sozinho. Por isso, nos agrupamos e inventamos uma forma de trabalhar chamada "divisão do trabalho". Quando a colocamos em prática, somos capazes de abater um mamute, cultivar a terra e construir moradias.

FILÓSOFO: Isso mesmo.

JOVEM: E a divisão do trabalho começa por acreditar nos outros, independentemente das simpatias pessoais. Não podemos viver se não dividirmos o trabalho. Não podemos viver se não cooperarmos com os demais, o que é outra maneira de dizer que não podemos viver sem acreditar nos outros. Esse é o relacionamento da divisão do trabalho, o relacionamento profissional.

FILÓSOFO: Sim. Veja as regras de trânsito nas vias públicas, por exemplo. Como acreditamos que os outros seguirão essas regras, avançamos quando um sinal fica verde. O fato é que não confiamos nas pessoas incondicionalmente, então olhamos para a esquerda e para a direita antes de passar. Mesmo assim, acreditamos em desconhecidos. De certa forma, isso também é um relacionamento profissional, na medida em que atende a um interesse comum, que é o bom fluxo do trânsito.

JOVEM: Acho que isso funciona. Até agora não consegui encontrar nada sobre a divisão do trabalho que precise refutar. Mas você não se esqueceu, não é? O ponto de partida desta conversa foi o seu comentário de que eu deveria construir relacionamentos de amizade com meus alunos.

FILÓSOFO: Não esqueci, não.

JOVEM: No contexto da divisão do trabalho, seu raciocínio faz menos sentido do que nunca. Por que diabos eu teria um relacionamento de amizade com meus alunos? É claramente um relacionamento de trabalho, não é mesmo? Nem eu nem os alunos nos lembramos de termos escolhido uns aos outros. Trata-se de um relacionamento atribuído automaticamente a pessoas que nunca se viram antes. Nós, professores, não temos escolha senão cooperar, assumir o comando da sala de aula e cumprir o objetivo educacional. É realmente um relacionamento de trabalho estabelecido a partir de um interesse comum.

FILÓSOFO: É normal ter esse tipo de dúvida. Agora vamos repassar cada um dos pontos que discutimos hoje. Qual é o objetivo da educação? Qual é o trabalho que se espera do educador? Nossa conversa começou com essas questões.

A conclusão de Adler é simples. O objetivo da educação é a autossuficiência, e o que se exige do educador é apoiar a conquista da autossuficiência. Acredito que você concordou com esse ponto.

JOVEM: Sim, estou de acordo.

FILÓSOFO: Então de que maneira podemos ajudar as crianças a se tornarem autossuficientes? Minha resposta foi: "Começando com o respeito."

JOVEM: De fato, você falou isso.

FILÓSOFO: Por que respeito? O que é respeito? Aqui, devemos recordar as palavras de Erich Fromm. Ou seja, respeito é "a capacidade de ver a pessoa como ela é" e de "valorizá-la por ser essa pessoa".

JOVEM: Certo.

FILÓSOFO: Ter consideração pela pessoa tal como ela é. Você está bem do jeito que é. Não há necessidade de ser especial. Há valor em você ser como é. Ao agir com respeito, você ajuda as crianças a recuperarem a coragem perdida e a começarem a subir os degraus de autossuficiência.

JOVEM: Sim, essa é a nossa discussão, em poucas palavras.

FILÓSOFO: Esta é a definição de respeito que surgiu aqui: "Ter consideração pela pessoa tal como ela é." O que está na origem do respeito: acreditar ou confiar?

JOVEM: Como?

FILÓSOFO: Temos consideração pelo outro tal como ele é, sem impor nosso próprio sistema de valores. Ao agir assim, aceitamos o outro e acreditamos nele incondicionalmente. Em outras palavras, confiamos nele.

JOVEM: Respeito e confiança são sinônimos?

FILÓSOFO: Pode-se dizer que sim. Dito de outra forma, não posso confiar em alguém que não respeito.

JOVEM: Ah, entendi. O caminho para a educação é o respeito. E respeito é confiança. Portanto, um relacionamento baseado na confiança é um relacionamento de amizade. É esse tipo de silogismo, certo?

FILÓSOFO: Sim. Um professor não conseguiria respeitar os próprios alunos se mantivesse com eles um relacionamento profissional baseado em garantias. Essa é exatamente a sua situação agora.

JOVEM: Não. Não é aí que está o problema. Posso confiar incondicionalmente no meu melhor amigo, por exemplo. Posso aceitá-lo como ele é. É bem possível nesse caso.

O problema não é o ato de confiar, mas em quem confiar. Você está me dizendo para construir relacionamentos de amizade com todos os meus alunos e confiar incondicionalmente neles. Acha isso de fato possível?

FILÓSOFO: Claro que sim.

JOVEM: Como?

FILÓSOFO: Imagine, por exemplo, uma pessoa que critica todo mundo, dizendo "Não gosto disso e daquilo nessa pessoa" e "Fulano tem tal característica insuportável", entre outras coisas. Depois, ela se lamenta: "Ah, sou tão azarada. Não dou sorte com as pessoas."

Será que é mesmo uma questão de azar? É óbvio que não: essa pessoa simplesmente não tenta fazer amigos, muito menos se envolver em relacionamentos interpessoais.

JOVEM: Então é possível nos tornarmos amigos de qualquer pessoa?

FILÓSOFO: Sim, com certeza. Talvez a relação entre você e seus alunos exista porque, acidentalmente, todos estão juntos em um mesmo lugar. Talvez, até que aquele momento, vocês fossem completos estranhos, sem conhecerem a fisionomia ou os nomes uns dos outros. E é possível que não se tornem o que você chama de melhores amigos.

Mas lembre-se da declaração de Adler: "O importante não é o que trazemos conosco ao nascer, mas o uso que se faz desse equipamento." Independentemente de quem é a outra pessoa, é possível respeitar e acreditar nela, porque o respeito é fruto da determinação e não sofre influência do ambiente ou do outro.

JOVEM: De novo isso? Você está retomando o problema da coragem? Voltamos à coragem de acreditar.

FILÓSOFO: Sim. Tudo remete a isso.

JOVEM: Não, não remete, não. Você não conhece a verdadeira amizade.

FILÓSOFO: O que você quer dizer com isso?

JOVEM: Você não tem amigos de verdade, não sabe nada sobre a verdadeira amizade e é por isso que fica falando essas utopias. Aposto que só teve relacionamentos superficiais. É por isso que diz que qualquer pessoa serve. Você é quem tem fugido dos relacionamentos interpessoais e das tarefas da vida!

No mundo natural, o ser humano é uma criatura pequena e frágil. Para compensar essa fragilidade, os humanos juntaram-se em sociedade e inventaram a divisão do trabalho, uma estratégia de sobrevivência incomparável, exclusiva da raça humana. Essa foi a divisão do trabalho definida por Adler. Se a discussão tivesse terminado ali, o jovem teria aplaudido Adler entusiasticamente. Mas, quando o filósofo começou a falar sobre amizade na sequência, ele não ficou nada convencido. *Esse sujeito consegue falar sobre a divisão do trabalho de maneira muito bem fundamentada, mas, logo em seguida, muda de assunto e começa a defender ideais sobre a amizade. E agora volta ao assunto da coragem!*

QUANTOS AMIGOS DE VERDADE VOCÊ TEM?

FILÓSOFO: Quer dizer que você tem um amigo muito próximo?

JOVEM: Não sei como ele se sente a respeito disso, mas eu tenho um amigo em quem confio incondicionalmente.

FILÓSOFO: Que tipo de pessoa ele é?

JOVEM: Ele foi meu colega na universidade. Queria se tornar um romancista, e eu era sempre o primeiro a ler o que ele escrevia. Tarde da noite, quando todo mundo estava dormindo, ele chegava de repente no alojamento onde eu morava e dizia, empolgado: "Leia este conto que acabei de escrever" ou "Ei, veja este trecho incrível que encontrei num romance de Dostoiévski". Mesmo hoje, ele ainda me manda novos textos de sua autoria e, quando fui contratado como professor, ele comemorou comigo.

FILÓSOFO: Esse rapaz era seu melhor amigo desde o início?

JOVEM: Claro que não. Amizade é algo que precisa ser cultivado ao longo do tempo. Ele não se tornou um amigo próximo da noite para o dia. Nós rimos juntos, apreciamos as mesmas coisas e isso se transformou em um relacionamento de muita cumplicidade. A amizade cresceu aos poucos e nos tornamos bons amigos, ao mesmo tempo que tivemos alguns conflitos.

FILÓSOFO: Em outras palavras, em algum momento ele passou de amigo para amigo muito próximo. Aconteceu alguma coisa que fez você pensar nele como um amigo de verdade?

JOVEM: Humm... Se eu tivesse que definir um momento, acho que foi quando tive certeza de que podia falar de tudo, com franqueza, com esse cara.

FILÓSOFO: Você não pode falar francamente sobre tudo com um amigo não tão próximo?

JOVEM: As pessoas passam a vida usando máscaras sociais para esconder seus verdadeiros sentimentos. Mesmo aquele amigo com quem você troca sorrisos e piadas toda vez que encontra pode nunca mostrar sua verdadeira face. Nós escolhemos os temas de nossas conversas, nossas atitudes e nossas palavras. Todo mundo interage com os amigos usando uma máscara social.

FILÓSOFO: Por que você não pode tirar a máscara quando está com um amigo não tão próximo?

JOVEM: Porque se eu fizesse isso a relação desmoronaria. Você pode falar o que quiser sobre "a coragem de não agradar" e coisa e tal, mas não há pessoa no mundo que deseje realmente não agradar. A máscara serve para evitar conflitos desnecessários e manter o relacionamento em pé. Se não fizermos isso, a sociedade não funciona.

FILÓSOFO: Para ser direto, estamos evitando que nos magoem?

Jovem: Sim, admito que sim. Com certeza não quero ser magoado e não quero magoar ninguém. Mas, veja bem, não usamos a máscara apenas por autoproteção. É mais por bondade. Se mostrássemos nossa verdadeira face e nossos sentimentos reais, magoaríamos muitas pessoas. Imagine como seria o mundo se todos decidissem expressar seus verdadeiros sentimentos... Seria o retrato perfeito do inferno, com sangue respingado por todo lado.

Filósofo: Mas você pode tirar a máscara quando está com um amigo muito próximo e, mesmo que isso magoe o outro, o relacionamento não vai desmoronar, não é mesmo?

Jovem: Claro, posso tirar a máscara e o relacionamento se mantém. Mesmo que meu amigo cometa erros de vez em quando, não seria razão suficiente para nossa amizade acabar, porque ela se baseia na aceitação dos pontos fortes e fracos de cada um.

Filósofo: Esse relacionamento é maravilhoso.

Jovem: Poucas pessoas no mundo nos oferecem essa segurança, e são muito preciosas. Quem encontrar cinco dessas ao longo da vida já poderá se considerar sortudo... Mas, por favor, voltemos à minha pergunta. Você tem amigos de verdade? Porque, pelo seu jeito de falar, você parece alguém que não sabe nada sobre amigos ou amizades de verdade e só tem companheiros que conhece nos livros e nas utopias.

Filósofo: Sim, claro, tenho vários amigos de verdade. E, para usar as suas palavras, são pessoas a quem posso mostrar minha "verdadeira face" e, mesmo que elas cometam erros de vez em quando, não acho que seria razão suficiente para eu cortar nossas relações.

JOVEM: Quem são essas pessoas? Amigos do tempo de colégio? Companheiros da filosofia, da pesquisa adleriana?

FILÓSOFO: Você, por exemplo.

JOVEM: O quê?

FILÓSOFO: Como eu disse anteriormente, para mim você é um amigo insubstituível. Nunca usei máscaras com você.

JOVEM: Isso significa que você confia incondicionalmente em mim?

FILÓSOFO: Claro que sim. Se não confiasse, este diálogo não poderia acontecer.

JOVEM: Não acredito.

FILÓSOFO: É verdade.

JOVEM: Isso não é uma brincadeira. Você acha que pode continuar manipulando impunemente as emoções de uma pessoa desta maneira?! Não sou do tipo que se deixa convencer por palavras melosas.

ANTES DE TUDO, ACREDITE

FILÓSOFO: Por que você está tão inflexível em sua negação da confiança?

JOVEM: Mas é justamente o contrário. Eu gostaria que você me dissesse de que serve acreditar num completo estranho, e ainda por cima de maneira incondicional. Ou seja, sem questionar, acreditando nele cegamente. É o mesmo que dizer que devemos ser ovelhas obedientes.

FILÓSOFO: Você está errado. Acreditar não é apenas engolir tudo que se ouve. É ser cético em relação às ideias e crenças do outro, bem como em relação às afirmações que ele faz. É recuar por um momento e pensar por si mesmo. Não há nada de errado em fazer isso; na verdade, é fundamental. Acima de tudo, mesmo que a pessoa esteja mentindo, é preciso acreditar nela como um todo.

JOVEM: O quê?

FILÓSOFO: É preciso acreditar nos outros. Não estou falando da conduta passiva de engolir qualquer coisa. A verdadeira confiança é, sob todos os aspectos, uma abordagem ativa.

JOVEM: Não entendi.

FILÓSOFO: Por exemplo, eu gostaria que o maior número possível de pessoas conhecesse as ideias de Adler. Gostaria de apresentar o pensamento dele. No entanto, esse desejo não depende apenas do meu trabalho. É preciso haver uma vontade de ouvir por parte de quem recebe minhas palavras e as escuta com atenção.

Então como posso fazer para que alguém receba e escute com atenção o que eu tenho a dizer? Não posso forçar ninguém dizendo: "Acredite em mim!" Todo mundo é livre para acreditar ou não. A única coisa que posso fazer é acreditar na pessoa com quem estou falando. Isso é tudo.

JOVEM: Acreditar na outra pessoa?

FILÓSOFO: Sim. Se eu fosse falar com você sobre Adler já desconfiado, a conversa simplesmente entraria por um ouvido e sairia pelo outro. Independentemente da veracidade do meu discurso, você não teria a menor intenção de ouvi-lo desde o início, o que seria natural.

Mas eu quero que você acredite em mim. Quero que acredite em mim e escute o pensamento de Adler. Então acreditarei em você primeiro, ainda que você mesmo esteja tentando não acreditar.

JOVEM: Você quer que eu acredite em você, então você acredita em mim primeiro?

FILÓSOFO: Exatamente. Pense neste exemplo: se os pais não confiam em seus filhos e ficam preocupados com várias coisas, mesmo que seus argumentos sejam bastante razoáveis, as crianças não se deixam convencer. Na verdade, quanto mais razoáveis os argumentos, mais os filhos querem se opor a eles. Por que isso? Porque os pais não estão realmente vendo os filhos. Como eles próprios estão cheios de desconfiança, o sermão não surte nenhum efeito.

JOVEM: Sei muito bem como é essa questão de argumentos razoáveis não serem compreendidos no dia a dia.

FILÓSOFO: Tentamos não acreditar somente nas palavras de "uma pessoa que acreditará em mim". Não julgamos a outra parte pela justiça de sua opinião.

JOVEM: Vou aceitar esse aspecto, mas, no final, vou questionar a justiça de sua opinião.

FILÓSOFO: Todos os conflitos, desde uma pequena discussão a uma guerra entre nações, surgem como resultado de embates em torno do conceito de "minha justiça". A justiça assume diversas formas dependendo da época, do ambiente ou de opiniões individuais e, não importa para onde se olhe, nunca há apenas uma justiça ou solução. Parece perigoso superestimar "o que é certo".
Nesse contexto, procuramos uma base comum. Uma ligação com as outras pessoas. Queremos dar as mãos. Se você quer dar as mãos aos outros, também tem que estender as suas.

JOVEM: Não, essa é outra ideia arrogante. Por quê? Porque quando você diz que acredita em mim, o que está realmente pensando é: "Portanto, acredite em mim também." Não é?"

FILÓSOFO: Nada disso. Não é algo que se possa forçar. Eu acredito em você, quer você acredite em mim ou não. Eu continuo acreditando. Esse é o sentido de incondicional.

Jovem: Que tal agora? Eu não acredito em você. Mesmo depois de ser rejeitado com tanta determinação e agredido verbalmente com palavras cruéis, você ainda acredita em mim?

Filósofo: Claro que sim. Eu acredito em você assim como acreditei há três anos. Se assim não fosse, eu não seria capaz de me envolver em uma discussão tão longa e com tanta seriedade. Uma pessoa que não acredita nos outros não pode se envolver em discussões francas. Alguém assim não pensaria "Com esse cara, posso falar com franqueza sobre tudo", como você tão admiravelmente colocou.

Jovem: Não é possível. Não consigo acreditar no que você está dizendo.

Filósofo: Tudo bem. Eu continuarei acreditando. Acredito em você e nos seres humanos.

Jovem: Ah, pare. Agora você está fazendo o tipo religioso.

AS PESSOAS NUNCA SE ENTENDEM

FILÓSOFO: Eu já disse isso antes, mas vou repetir: não sigo nenhuma religião em particular. Porém, tanto no cristianismo quanto no budismo, formas de pensamento que foram cultivadas e aperfeiçoadas ao longo de milhares de anos, há um poder que não pode ser ignorado: ambos sobrevivem porque contêm verdades imutáveis. Você conhece a frase "Ame o seu próximo", da Bíblia?

JOVEM: Claro. É sobre esse amor ao próximo de que você tanto gosta de falar.

FILÓSOFO: Essa frase circula por aí, mas em geral falta uma parte importante. No Evangelho de Lucas, no Novo Testamento, está escrito: "Ame o seu próximo como a si mesmo."

JOVEM: Como a si mesmo?

FILÓSOFO: Exatamente. A Bíblia diz não apenas para amarmos o próximo, mas para amá-lo tanto quanto amamos a nós mesmos. Se não conseguirmos nos amar, não seremos capazes de amar o próximo. Se não conseguirmos acreditar em nós mesmos, não seremos capazes de acreditar nas outras pessoas. Por favor, pense na frase com essa conotação. Você afirma que não consegue acreditar nas outras pessoas, mas isso é porque não consegue realmente acreditar em si mesmo.

JOVEM: Está fazendo muitas suposições.

FILÓSOFO: Ser autocentrado não significa olhar apenas para o próprio umbigo porque gostamos de nós mesmos. Na realidade, é o oposto: como não conseguimos nos aceitar como somos, nos preocupamos apenas com nós mesmos e estamos sempre ansiosos.

JOVEM: Então você está dizendo que me preocupo apenas comigo mesmo porque tenho ódio de mim?

FILÓSOFO: Exatamente.

JOVEM: Ah, que psicologia desagradável.

FILÓSOFO: O mesmo ocorre em relação às outras pessoas. Por exemplo, quando evocamos uma separação amorosa ruim, por algum tempo só nos vêm à mente coisas desagradáveis sobre o outro. Isso é uma prova de que buscamos reforços do tipo "Estou feliz por termos terminado" e que resta alguma incerteza sobre a decisão de encerrar o relacionamento. Se você não diz a si mesmo "Ainda bem que terminamos", corre o risco de perder sua determinação. Analise por esse ângulo.

Se você evocar as coisas boas de um antigo amor, isso significa que não tem a necessidade de desgostar ativamente dessa pessoa e pode se libertar dos sentimentos em relação a ela. De qualquer forma, a questão não é gostar ou não da pessoa, mas gostar ou não de si mesmo agora.

Jovem: Sei...

Filósofo: Você ainda não aprendeu a gostar de si mesmo. Como resultado, não acredita nos outros, não acredita em seus alunos e não consegue criar relacionamentos de amizade. Essa é precisamente a razão pela qual está agora tentando conquistar uma sensação de pertencimento por meio do seu trabalho. Quer provar o seu valor sendo bem-sucedido na profissão.

Jovem: O que há de errado nisso? Reconhecimento no trabalho é reconhecimento na sociedade.

Filósofo: Não. Em tese, podemos dizer que suas "funções" são reconhecidas como resultado de seu trabalho, não você. Se aparecer alguém com "funções" melhores, quem estiver ao seu redor se voltará para essa pessoa. Esse é o princípio do mercado, o princípio da concorrência. Como resultado disso, você nunca conseguirá sair do vórtice da competição e alcançar a verdadeira sensação de pertencimento.

Jovem: Como, então, alcançar essa verdadeira sensação de pertencimento?

Filósofo: Confiando nas outras pessoas e cultivando relacionamentos de amizade. É a única maneira. Não podemos ser felizes nos dedicando exclusivamente ao trabalho.

Jovem: Mas... Mesmo que eu acredite em alguém, não há como saber se essa pessoa confiará em mim ou se criará um relacionamento de amizade comigo.

Filósofo: Nisso consiste a separação de tarefas. O que essa

pessoa acha de você e que tipo de atitude ela tem em relação a você são tarefas dela, e você não tem nenhum controle sobre isso.

JOVEM: Não sei se faz sentido. Se vamos considerar a separação de tarefas como um pré-requisito, isso significa que não conhecemos realmente uns aos outros, certo?

FILÓSOFO: Não é possível saber tudo o que a outra parte está pensando. Acredita-se no outro como um ser que não se pode conhecer. O nome disso é confiança. Nós, humanos, somos seres que não conseguem conhecer uns aos outros, e é exatamente por isso que acreditar é a única saída.

JOVEM: Ah! Então tudo o que você está dizendo não passa de religião, afinal!

FILÓSOFO: Adler foi um pensador que teve a coragem de acreditar nos seres humanos. Na verdade, considerando a situação em que foi colocado, talvez ele não tivesse escolha a não ser acreditar.

JOVEM: Como assim?

FILÓSOFO: Esta é a oportunidade perfeita para revermos as circunstâncias que levaram Adler a apresentar seu conceito de "sensação de comunidade". Por que, diante da crítica, Adler sustentou essa ideia? Naturalmente, ele tinha uma ótima razão.

A VIDA É FEITA DE "DIAS COMUNS"

Jovem: De onde ele tirou a sensação de comunidade?

Filósofo: Depois de se afastar de Freud, em 1913, o ano anterior à deflagração da Primeira Guerra, Adler batizou sua abordagem da psicologia de "psicologia individual". Pode-se dizer que a psicologia adleriana, no nascedouro, foi arrastada para a guerra.

Jovem: Adler lutou na guerra?

Filósofo: Sim, lutou. Quando a Primeira Guerra Mundial começou, Adler, que tinha 44 anos na época, foi recrutado como oficial médico e atuou no departamento de neurologia e psiquiatria de um hospital militar. Seu trabalho era um só: tratar os soldados sob seus cuidados e devolvê-los às frentes de batalha o mais rápido possível.

Jovem: Devolvê-los às frentes de batalha? Bem... O propósito de tratá-los é bastante claro.

Filósofo: Tem toda a razão. Os soldados que Adler tratava eram reenviados para o combate. Sem esse tratamento, não haveria maneira de eles um dia poderem voltar ao convívio social.

Para Adler, que perdeu o irmão mais novo na infância e alimentou o sonho de se tornar médico, os deveres profissionais em meio à guerra devem ter sido angustiantes ao extremo. Mais tarde, ele descreveu seu período como oficial médico assim: "Durante toda a guerra, eu me senti como um prisioneiro."

JOVEM: Mal consigo imaginar como isso deve ter sido difícil para ele.

FILÓSOFO: A Primeira Guerra Mundial começou como a "guerra para acabar com todas as guerras". Evoluiu para uma guerra total sem precedentes que assolou a Europa e envolveu mesmo quem não estava em combate. Nem preciso dizer o efeito que essa tragédia teve sobre Adler e outros psicólogos de seu tempo.

JOVEM: Pode explicar melhor?

FILÓSOFO: Freud, por exemplo, depois de sua experiência na guerra, formulou a existência da "pulsão de morte", que ficou conhecida como "Tânato" ou "Destrudo". É um conceito que já recebeu todo tipo de interpretação, mas pode ser mais bem entendido como o "impulso destrutivo no que diz respeito à vida".

JOVEM: Sem o reconhecimento de tal impulso, não haveria explicação para as tragédias que se desenrolaram diante deles.

FILÓSOFO: Imagino que foi assim. Por outro lado, Adler, que teve uma experiência pessoal nessa mesma guerra como médico, formulou a "sensação de comunidade", que era o oposto da ideia de Freud. Eu diria que esse é um ponto particularmente notável.

Jovem: Por que ele falou da sensação de comunidade naquela época?

Filósofo: Adler foi, sob todos os aspectos, uma pessoa prática. Pode-se dizer que ele não focou na guerra, em assassinatos ou nas causas da violência, como fez Freud. Em vez disso, refletiu: "De que maneira podemos pôr um fim à guerra?"
Será que somos seres que anseiam por guerra, assassinato e violência? Certamente não. Se pudermos cultivar a sensação de comunidade, ou seja, a consciência de que todas as pessoas devem ver as outras como companheiras, poderemos evitar os conflitos. Está ao nosso alcance realizar isso... Adler acreditava nas pessoas.

Jovem: Em sua busca desses ideais vazios, no entanto, ele foi criticado como anticientífico.

Filósofo: Sim, ele foi muito criticado e perdeu diversos companheiros. Adler não era anticientífico. Ele era construtivo. Seu princípio era que o importante não é o que trazemos conosco ao nascer, mas o uso que fazemos desse equipamento.

Jovem: Mas as guerras ainda ocorrem em todo o mundo.

Filósofo: De fato, os ideais de Adler ainda estão para ser compreendidos. A pergunta é se um dia serão. Independentemente disso, avançar na direção desses ideais é algo que está ao nosso alcance. Assim como um ser humano pode sempre se aprimorar como pessoa, toda a raça humana deve ser capaz de melhorar continuamente. Não devemos usar a infelicidade de nossa situação atual como motivo para abandonar nossos ideais.

JOVEM: Então, se nos mantivermos fiéis aos nossos ideais, algum dia não haverá mais guerra?

FILÓSOFO: Certa vez, perguntaram a Madre Teresa o que fazer para promover a paz mundial. A resposta dela foi: "Vá para casa e ame sua família." O mesmo vale para a sensação de comunidade de Adler. Em vez de realizar algo pela paz no mundo, basta confiar na pessoa à sua frente. Crie uma relação de camaradagem com ela. Essa pequena demonstração diária de confiança nos livrará um dia de conflitos entre as nações.

JOVEM: Você só precisa refletir sobre o que está diante de você?

FILÓSOFO: Para o bem ou para o mal, é o único ponto de partida. Se quisermos livrar o mundo de conflitos, precisamos nos libertar de conflitos primeiro. Se deseja que seus alunos acreditem em você, precisa acreditar neles primeiro. Em vez de lidar com a situação toda se colocando fora dela, a pessoa dá o primeiro passo como uma parte do todo.

JOVEM: Você falou sobre isso há três anos, quando me disse: "Você precisa começar."

FILÓSOFO: Sim. "A pessoa precisa começar. Talvez os outros não cooperem, mas isso não diz respeito a você. Meu conselho é este: você deve começar sem levar em conta se os outros serão cooperativos ou não." Esta foi a resposta de Adler a uma pergunta sobre a eficácia real da sensação de comunidade.

JOVEM: Meu primeiro passo mudará o mundo?

Filósofo: Pode ser que sim, pode ser que não, mas não é preciso pensar agora nos resultados. O que está ao seu alcance é confiar nas pessoas mais próximas a você. Isso é tudo.

Nossas experiências e decisões como seres humanos não advêm apenas de eventos da vida tão simbólicos quanto entrar em uma universidade, conseguir um emprego ou se casar. Para nós, os "dias comuns" é que são nossas experiências, e é na vida cotidiana aqui e agora que as grandes decisões precisam ser tomadas. As pessoas que evitam essas experiências provavelmente nunca serão felizes de verdade.

Jovem: Humm.

Filósofo: Antes de discutir a situação mundial, pense um pouco em seu vizinho. Pense em seus relacionamentos interpessoais nos "dias comuns". Isso é tudo que podemos fazer.

Jovem: Lá vem você com o "Ame o seu próximo como a si mesmo".

DEEM, E LHES SERÁ DADO

FILÓSOFO: Parece que você ainda não está convencido de certos pontos.

JOVEM: Infelizmente, não são poucos. Como você tão bem colocou, meus alunos me menosprezam. Mas eles não são os únicos. Quase ninguém lá fora reconhece meu valor. Simplesmente ignoram minha existência.
   Se eles tivessem consideração por mim e ouvissem o que tenho a dizer, minha atitude provavelmente mudaria. Talvez até fosse possível confiar neles, mas a realidade é diferente. Esses caras me acham inferior, como, aliás, sempre se acharam.
   Se há uma coisa a fazer nessa situação, é a seguinte: assegurar que meu valor seja reconhecido por meio do meu trabalho. Isso é tudo. Confiança, respeito e outras coisas, tudo isso vem depois.

FILÓSOFO: Então, resumindo: as outras pessoas precisam ter consideração por você primeiro, e é preciso ser bem-sucedido no trabalho para conquistar o respeito alheio?

JOVEM: Exatamente.

FILÓSOFO: Entendo. Bem, tente pensar da seguinte maneira: confie incondicionalmente nas outras pessoas; tenha respeito por elas. Esta é a conduta "generosa".

JOVEM: Generosa?

FILÓSOFO: Sim. Para ficar mais fácil de entender, tomemos o dinheiro como exemplo. Basicamente, são as pessoas ricas que podem dar algo aos outros. Quem não tem o suficiente não pode dar nada.

JOVEM: Ok. Quando se fala de dinheiro, faz sentido.

FILÓSOFO: Mas você deseja receber alguma coisa sem ter dado nada. Como um mendigo. Não é que você seja pobre em termos financeiros, mas sim pobre de espírito.

JOVEM: Como é?

FILÓSOFO: Temos que manter nossos corações plenos e dar aos outros o que guardamos. Não devemos esperar que as outras pessoas nos respeitem – precisamos respeitá-las e confiar nelas. Não devemos ser pobres de espírito.

JOVEM: Um objetivo como esse não tem nada a ver com filosofia, muito menos com psicologia.

FILÓSOFO: Então vamos além e lembrar um trecho da Bíblia. Você está familiarizado com a frase "Peçam, e lhes será dado"?

JOVEM: Sim. Pelo menos é uma frase que ouço de vez em quando.

FILÓSOFO: Adler iria preferir esta outra frase da Bíblia: "Deem, e lhes será dado."

JOVEM: Uau!

FILÓSOFO: É por nossa própria generosidade que recebemos, mas não devemos esperar nada em troca. Não devemos ser mendigos do espírito. Esse é um ponto de vista extremamente importante quando se considera outro relacionamento interpessoal, além de "trabalho" e "amizade".

JOVEM: Outro, em termos de...

FILÓSOFO: No começo da conversa de hoje, eu disse o seguinte: tudo o que estamos discutindo pode ser resumido na palavra "amor". Não há tarefa mais rigorosa ou mais difícil, ou que teste mais a coragem, do que o amor de que Adler fala. Ao mesmo tempo, podemos acessar a escada para entender Adler quando amamos. Na verdade, não é exagero dizer que essa é a única maneira.

JOVEM: A escada para entender Adler.

FILÓSOFO: Você tem coragem para galgar os degraus?

JOVEM: Não posso responder antes que me mostre essa escada, ou seja lá o que for. Depois disso, vou decidir se subo ou não.

FILÓSOFO: Ótimo. Vamos, então, voltar nossa atenção para o "amor", que é a porta de entrada definitiva para nossas tarefas da vida, bem como para entender o pensamento de Adler.

PARTE V
Escolha a vida que você ama

O JOVEM TEVE QUE ADMITIR QUE ERA verdade. No começo da conversa daquele dia, o filósofo lhe informou: todas as questões que você está enfrentando agora podem ser resumidas na discussão do amor. Eles passaram muitas horas conversando e, finalmente, chegaram ao "amor". *O que há para falar sobre o amor com esse homem, afinal de contas? O que sei eu sobre o amor?* Olhando para baixo, o jovem viu seu bloco, agora preenchido com o que pareciam ser notas, escritas com uma letra rabiscada que ele mal conseguia decifrar. Sentindo-se um pouco inseguro, e oprimido pelo silêncio, soltou uma gargalhada.

O AMOR NÃO É ALGO QUE SIMPLESMENTE ACONTECE

JOVEM: Ainda assim, é meio engraçado.

FILÓSOFO: O quê?

JOVEM: Não posso deixar de dar risada. Dois caras desleixados batendo cabeça neste pequeno gabinete e tentando falar sobre o "amor". Em plena madrugada!

FILÓSOFO: Pensando bem, é mesmo uma situação inusitada.

JOVEM: Então sobre o que vamos falar agora? Quem sabe vou ouvir a história de seu primeiro amor? O jovem filósofo apaixonado com o rosto afogueado; o que será dele? Ha, ha, ha... Parece interessante.

FILÓSOFO: Falar abertamente sobre romance e amor é constrangedor. Você é jovem, e conheço bem o impulso de dar uma de brincalhão para disfarçar. Não é o único que faz isso. Muitas pessoas se calam ou apelam para generalizações quando se deparam com o amor. Como resultado, quase todo o amor de que se fala não traduz seu estado real.

Jovem: Isso é fácil para você, não é? Então me conte: o que são essas "generalizações" sobre o amor?

Filósofo: Por exemplo, o amor sublime, que não perdoa a impureza e santifica a outra pessoa. Ou, ao contrário, o amor animal, que nos faz sucumbir aos impulsos sexuais. Ou, ainda, o amor biológico, cuja intenção é transmitir os próprios genes para uma nova geração. A maior parte das representações do amor no mundo gira em torno de um desses tipos.

De fato, podemos demonstrar certa compreensão por todos esses tipos de amor. Podemos aceitar que existem. Ao mesmo tempo, devemos estar cientes de que algo está faltando. Porque só se fala de "amor divino", que é conceitual, e de "amor animal", que é puro instinto. Ninguém se arrisca a falar de "amor humano".

Jovem: Um amor humano que não é divino nem animal.

Filósofo: Por que ninguém tenta entender o amor humano? Por que as pessoas não conversam sobre o verdadeiro amor? Qual é a sua opinião sobre isso?

Jovem: Bem, acho que você está certo sobre o constrangimento que sentimos ao falar de amor. É algo muito particular, que queremos manter escondido a qualquer custo. Já sobre o amor pela humanidade que se baseia na religião, as pessoas ficam muito felizes em falar. De certa forma, é problema de outra pessoa, e, afinal, não passa de uma teoria inviável. Não é nada fácil falar sobre o próprio amor.

Filósofo: Porque envolve um "eu" incompreensível?

Jovem: Sim. É tão embaraçoso quanto tirar a roupa e correr nu por aí. Mas há outra razão: apaixonar-se por alguém é quase inteiramente resultado da ação do subconsciente. Portanto, é um tanto arriscado explicá-lo usando uma linguagem lógica.

Acho que é como você se emocionar assistindo a um filme no cinema e não conseguir explicar por que está chorando. Se fosse possível explicar as lágrimas com palavras, as lágrimas não existiriam.

Filósofo: Entendo. O amor romântico é algo que simplesmente "acontece". O amor é um impulso incontrolável, e a nós só resta nos entregarmos à fúria da tempestade... É isso?

Jovem: Isso mesmo. O amor não cresce de maneira calculada e não pode ser controlado por ninguém. É por isso que tragédias como *Romeu e Julieta* acontecem.

Filósofo: Acho que agora você se refere à visão do amor derivada do pensamento social normal. Mas o filósofo chamado Adler, que contestava o pensamento normal da sociedade, destacou um ângulo diferente e, de fato, defendeu antíteses a esse pensamento. Sua opinião sobre o amor, por exemplo, era: "O amor não é, como alguns psicólogos pensam, uma função pura e natural."

Jovem: O que isso significa?

Filósofo: Em poucas palavras, o amor para o ser humano não é algo imposto pelo destino, nem brota espontaneamente. Ou seja, nós não nos apaixonamos.

Jovem: Então o que é?

Filósofo: É algo que construímos. Amor que é apenas "paixão" qualquer um pode ter. Esse tipo de amor não merece ser chamado de uma tarefa da vida. Como nós a construímos a partir do nada, por pura força de vontade, a tarefa amorosa é das mais difíceis.

Muitas pessoas tentam falar de amor sem conhecer nada desse princípio. Como resultado, precisam recorrer a palavras como "destino", que não está nas nossas mãos, e "instinto animalesco". Evitam olhar diretamente para a tarefa que deveria ser a mais importante, como se ela estivesse fora do alcance de sua vontade ou seu esforço. Pode-se até dizer que elas não estão dispostas a amar.

Jovem: Não estão dispostas a amar?

Filósofo: Isso mesmo. Esse é provavelmente o seu caso quando fala em "se apaixonar". Precisamos pensar no amor humano, que não é divino nem animal.

DA "ARTE DE SER AMADO" PARA A "ARTE DE AMAR"

JOVEM: Eu poderia refutar isso de todas as formas. Veja, cada um de nós passou pela experiência de se apaixonar por alguém. Com certeza, você não é uma exceção. Se você for deste mundo, já passou inúmeras vezes pela tempestade do amor, por esse incontrolável impulso do amor. Em outras palavras, apaixonar-se definitivamente é algo que "acontece". Você admite o fato, não é mesmo?

FILÓSOFO: Pense nisso da seguinte forma: imagine que você tem um objeto de desejo. Está fascinado por uma câmera reflex alemã com duas lentes objetivas que por acaso viu outro dia em uma vitrine. Embora nunca tenha segurado a câmera nem saiba como acertar o foco das lentes, você sonha com ela. Pensa em como a levaria consigo o tempo todo e faria fotos sempre que tivesse vontade... Não precisa ser uma câmera. Poderia ser um sapato, um carro, um instrumento musical. Você consegue imaginar a sensação, certo?

JOVEM: Sim, conheço bem a sensação.

FILÓSOFO: A essa altura, a obsessão pela câmera será semelhante a apaixonar-se por alguém. Você se verá em meio a uma tempestade de desejo infinito. Quando fecha os olhos, é a câmera que aparece, e, nas profundezas dos ouvidos, você escuta o som do obturador – seu estado é tal que você não pensa em outra coisa. Se isso acontecesse na infância, talvez você buscasse refúgio no colo de seus pais, em prantos.

Jovem: Verdade.

Filósofo: Mas quando você por fim compra a câmera, enjoa dela em menos de seis meses. Por que isso acontece? Porque no fundo você não queria fotografar com uma câmera alemã: queria apenas adquirir, possuir e triunfar. O ato de se apaixonar de que você fala não é diferente desse desejo de possuir ou de triunfar.

Jovem: Então se apaixonar por alguém é como ficar obcecado por bens materiais?

Filósofo: Como há outro ser humano envolvido, não é difícil acrescentar uma narrativa romântica. Mas, essencialmente, é igual ao desejo por coisas materiais.

Jovem: Ah! Que beleza!

Filósofo: O que há de errado?

Jovem: O que você sabe sobre as pessoas, afinal de contas? Mesmo quando prega o amor ao próximo, o que sobra é essa mistura ridícula de niilismo. Que amor humano? Que antítese do pensamento social normal? Você pode atirar essas ideias aos ratos no esgoto.

Filósofo: Há dois pontos em relação à premissa desta discussão que você provavelmente entendeu mal. O primeiro: você está pensando na história de Cinderela e seu sapatinho de cristal só até ela se casar com o príncipe. Adler, por outro lado, concentra-se no relacionamento após o casamento, depois dos créditos finais, quando o filme termina.

JOVEM: O relacionamento após o casamento?

FILÓSOFO: Sim. Por exemplo, mesmo que a paixão leve duas pessoas a se casarem, esse não é o objetivo do amor. O casamento é o ponto inicial do amor. Porque a vida real continua, dia após dia, a partir desse ponto.

JOVEM: Então o amor a que Adler se refere é a vida de casado?

FILÓSOFO: Depois, vem o segundo ponto. Adler dedicou grande parte de sua energia a dar palestras, e aparentemente a maioria dos pedidos de consultas que recebeu de seu público eram relacionadas ao amor. Muitos psicólogos em todo o mundo defendem a arte de ser amado por outra pessoa. De como ser amado pela pessoa que se deseja. Talvez as pessoas esperassem esse tipo de conselho de Adler.

Mas o amor de que Adler falava era completamente diferente. Ele sempre defendeu uma arte de amar ativa, ou seja, a arte de amar outra pessoa.

JOVEM: Uma arte de amar?

FILÓSOFO: Sim. Para entender essa maneira de pensar, podemos recorrer não só a Adler como também às palavras de Erich Fromm. Ele até publicou um livro homônimo, *A arte de amar*, que foi um best-seller em todo o mundo.

Na verdade, é difícil ser amado por outra pessoa. Mas amar outra pessoa é uma tarefa de dificuldade muito maior.

Jovem: Quem acreditaria nessa piada? Qualquer um é capaz de amar. O difícil é ser amado. Não é exagero dizer que a ansiedade provocada pelo amor está resumida nessa frase.

Filósofo: Eu também já pensei assim, mas, depois que conheci Adler e coloquei em prática suas ideias sobre a criação dos filhos, eu soube da existência de um amor grandioso e desenvolvi uma visão totalmente diferente. Aí está a essência de Adler. Quando você conhece a dificuldade de amar, passa a entender tudo sobre Adler.

O AMOR É UMA TAREFA A SER CUMPRIDA A DOIS

JOVEM: Eu não vou mudar de ideia. Qualquer um pode amar. Por mais distorcido que seja o caráter de uma pessoa, por mais que ela seja um fracasso, ainda assim essa pessoa anseia por alguém. Em outras palavras, é possível amar, mas ser amado é muito difícil... Sou um bom exemplo disso. Não sou bonito e, sempre que surge uma mulher na minha frente, fico vermelho, minha voz se torna estridente e não consigo olhar nos olhos. Não tenho um bom status social, muito menos financeiro. E, para piorar, sou cético. Ha, ha, ha... Quem poderia amar alguém como eu?

FILÓSOFO: Você já amou alguém em toda a sua vida?

JOVEM: Sim, amei.

FILÓSOFO: Foi fácil amar essa pessoa?

JOVEM: Não é uma questão de ser difícil ou fácil. Sem perceber, você se interessa por alguém, depois se apaixona por essa pessoa e não consegue tirá-la da cabeça. Essa é a emoção chamada amor.

FILÓSOFO: E você ama alguém agora?

JOVEM: Não.

FILÓSOFO: Por quê? Amar é fácil, não é?

JOVEM: Droga! Falar com você é como falar com uma máquina sem coração. Amar é fácil. Sem dúvida, é fácil. No entanto, encontrar a pessoa certa é difícil. Esse é o problema: encontrar quem devemos amar. Depois que encontrar a pessoa certa, a tempestade do amor começará a agitar as emoções dentro de você. Uma tempestade violenta, irrefreável.

FILÓSOFO: Entendo. O amor não é uma questão de "arte", mas de "alvo". O importante sobre o amor não é saber como devemos amar, mas quem devemos amar. É isso?

JOVEM: Exatamente.

FILÓSOFO: Sabe como Adler define os relacionamentos amorosos? Vamos repassar esse conceito.

JOVEM: Tenho certeza de que será apenas mais uma de suas teorias idealistas.

FILÓSOFO: Primeiro, Adler diz o seguinte: "Recebemos instruções sobre tarefas que devem ser realizadas por nós mesmos e tarefas realizadas por vinte pessoas. Mas não nos instruem sobre a tarefa que é realizada a dois."

JOVEM: A tarefa que é realizada a dois?

FILÓSOFO: Por exemplo, o bebê que consegue virar na cama de repente consegue ficar em pé e dar uns passos. É o tipo de tarefa que só pode ser realizada pelo bebê, por mais ninguém. O mesmo vale para aprender a falar e a se comunicar. Além disso, a filosofia, a matemática, a física e todos os outros campos de estudo se classificam como tarefas a serem realizadas individualmente.

JOVEM: Suponho que sim.

FILÓSOFO: Em compensação, o trabalho é uma tarefa realizada com os colegas. Mesmo o trabalho que parece autoral – por exemplo, o de um artista plástico – sempre demanda alguma ajuda externa, seja das pessoas que produzem as tintas e os pincéis, seja das que montam as telas e os cavaletes, sem falar dos compradores na galeria de arte. Não existe trabalho sem conexões com outras pessoas e sem cooperação.

JOVEM: Pura verdade.

FILÓSOFO: Em casa e na escola, recebemos orientações sobre tarefas que são realizadas por nós mesmos e tarefas que cabem a nossos companheiros. É assim que funciona, não é?

JOVEM: Sim. Ensinamos isso direitinho em nossa escola.

FILÓSOFO: A questão é que não recebemos nenhuma instrução sobre a tarefa que deve ser cumprida a dois.

JOVEM: E essa tarefa que deve ser cumprida a dois é...

FILÓSOFO: O amor a que Adler se refere.

JOVEM: Então o amor é uma tarefa cumprida a dois. Mas nós não aprendemos a arte de realizar isso... Entendi direito?

Filósofo: Sim.

Jovem: Você sabe que nada disso me convenceu, não é?

Filósofo: Sim, isso é apenas a porta de entrada. O que é o amor para o ser humano? Quais são as diferenças entre o amor e os relacionamentos profissionais e de amizade? Por que precisamos amar outras pessoas? Está quase amanhecendo. Não temos muito tempo. Vamos pensar sobre isso juntos e fazer valer cada minuto.

MUDE O FOCO DA VIDA

JOVEM: Então o amor é uma tarefa a ser cumprida a dois... Essa frase não quer dizer absolutamente nada. O que essas duas pessoas conquistam, afinal?

FILÓSOFO: A felicidade. Elas conseguem ser felizes.

JOVEM: Uau, a resposta estava na ponta da língua!

FILÓSOFO: Todo mundo quer ser feliz. Vivemos em busca de uma vida mais feliz. Você concorda com isso, não é?

JOVEM: Claro.

FILÓSOFO: Para sermos felizes, temos que nos empenhar em nossas relações interpessoais. Todos os problemas humanos são problemas de relacionamento interpessoal. E toda felicidade humana é a felicidade no relacionamento interpessoal. Já falei sobre isso várias vezes.

JOVEM: Sim, e é exatamente por isso que temos que nos dedicar às tarefas da vida.

FILÓSOFO: Agora, em termos concretos, o que é a felicidade para o ser humano? Há três anos mencionei a conclusão de Adler sobre a felicidade. Em resumo: "Felicidade é a sensação de contribuição."

Jovem: Essa é uma conclusão muito ousada.

Filósofo: Como diz Adler, só quando nos sentimos úteis para alguém é que nos conscientizamos realmente do nosso valor. Nesse momento, também temos a sensação de pertencimento, de que "é bom estar aqui". Por outro lado, não temos como saber se nossa conduta é realmente útil. Mesmo que alguém diante de nós dê a impressão de estar feliz, em tese não é possível saber se é verdade.

Isso nos leva ao termo "sensação de contribuição". Tudo de que precisamos é a sensação subjetiva de ser útil para alguém. Não é necessário procurar outra razão. Tente encontrar a felicidade na sensação de contribuição. Tente encontrar alegria na sensação de contribuição.

Nós nos conscientizamos de que somos úteis para alguém por meio de nossos relacionamentos profissionais e de nossa amizade. Se agirmos assim, a felicidade estará bem à nossa frente.

Jovem: Sim, entendo isso. Para ser sincero, o que você me apresenta agora é a teoria da felicidade mais simples e convincente que já encontrei. Por outro lado, é exatamente por isso que não consigo entender o raciocínio de que se pode ter uma vida feliz graças ao amor.

Filósofo: Essa pode ser a razão. Então, por favor, pare por um momento e lembre-se da nossa conversa sobre a divisão do trabalho. A base da divisão do trabalho estava na "minha felicidade", ou seja, no autointeresse. Em última análise, a minha felicidade de fato se conecta com a felicidade de outra pessoa. Estabelece-se uma relação de divisão do trabalho. Em resumo, há uma troca saudável. É disso que estávamos falando.

Jovem: Sim, foi uma discussão bem interessante.

Filósofo: Por outro lado, o que estabelece uma relação de amizade é a felicidade do outro. Temos total confiança no outro, sem buscar garantias nem compensações. Aqui, não há a ideia de dar e receber. É por meio da atitude de acreditar e dar incondicionalmente que as relações de amizade acontecem.

Jovem: Deem, e lhes será dado, certo?

Filósofo: Sim. Em outras palavras, ao buscar a "minha felicidade", construímos relações de divisão do trabalho e, ao buscar a felicidade do outro, construímos relacionamentos de amizade. Então o que é isso que buscamos e que permite o surgimento de relacionamentos amorosos?

Jovem: Acho que buscamos a felicidade da pessoa amada, a "sua felicidade" sublime.

Filósofo: Não é isso.

Jovem: Opa! Quer dizer então que o amor é realmente egoísta, ou seja, diz respeito à "minha felicidade"?

Filósofo: Também não é isso.

Jovem: Então o que é?

Filósofo: Mais do que a busca egoísta da "minha felicidade" ou dos votos pela "sua felicidade", é a construção da felicidade de um "nós" inseparável. Isso é amor.

Jovem: Um "nós" inseparável?

FILÓSOFO: Sim. Defendemos o "nós" como sendo mais importante do que "eu" ou "você". Mantemos essa ordem em todas as escolhas da vida. Não damos prioridade à felicidade do "eu" e não nos satisfazemos apenas com a felicidade do outro. Somente a felicidade de ambos, "nós", tem significado. Essa é uma tarefa realizada a dois.

JOVEM: Então tem a ver com autointeresse e, ao mesmo tempo, com o interesse do outro?

FILÓSOFO: Não. *Não* é autointeresse *nem* o interesse do outro. O amor rejeita ambos.

JOVEM: Por quê?

FILÓSOFO: Porque isso muda o foco da vida.

JOVEM: O foco da vida?

FILÓSOFO: Desde o momento em que nascemos, contemplamos o mundo a partir do "eu", escutamos sons com o ouvido do "eu" e buscamos a felicidade do "eu". Isso vale para todas as pessoas. Quando se conhece o verdadeiro amor, no entanto, o foco da vida muda do "eu" para o "nós". Ele nos permite viver de acordo com diretrizes totalmente novas, que não são de autointeresse, muito menos do interesse do outro.

JOVEM: Mas com isso o "eu" não desapareceria no vazio?

FILÓSOFO: Realmente. Se encontrarmos uma vida feliz, o "eu" deve desaparecer no nada.

JOVEM: O que você disse?

AUTOSSUFICIÊNCIA É SE LIBERTAR DO "EU"

Filósofo: O amor é uma tarefa cumprida a dois. Por meio do amor, duas pessoas conseguem ser felizes. Então por que o amor se conecta à felicidade? Simples: porque o amor é a libertação do "eu".

Jovem: Libertação do eu?

Filósofo: Sim. Quando nascemos, em um primeiro momento somos reis absolutos. Todos que nos rodeiam se preocupam conosco, nos acalmam dia e noite, fornecem alimento e cuidam até mesmo de nossas excreções. Sempre que o "eu" sorri, o mundo também sorri, e quando o "eu" chora, o mundo corre para ajudar. Na maioria das vezes, nossa situação é semelhante à de um ditador que reina na esfera doméstica.

Jovem: Hoje em dia é assim mesmo.

Filósofo: Que poder avassalador, quase ditatorial... Qual é a fonte desse poder? Adler afirma que é a fragilidade. Ele diz que, na infância, controlamos os adultos por meio de nossa fragilidade.

Jovem: Como somos seres frágeis, as pessoas que nos rodeiam precisam nos ajudar.

Filósofo: Exatamente. A fragilidade se torna uma arma muito poderosa em uma relação interpessoal. Essa foi uma descoberta crucial de Adler com base nos conhecimentos profundos que adquiriu na prática médica.

Vamos usar a história de um menino como exemplo. Ele tinha medo do escuro. Toda noite, quando a mãe o colocava na cama, apagava a luz e saía do quarto, o garoto começava a chorar. A mãe logo aparecia para perguntar: "Por que você está chorando?" Então ele se acalmava e respondia baixinho: "Porque está muito escuro." A mãe, percebendo a meta do filho, perguntava: "Agora que eu voltei, está menos escuro?"

Jovem: Com certeza devia estar, he, he.

Filósofo: A escuridão em si não é o problema. O que o menino temia e queria evitar a todo custo era se separar da mãe. É como diz Adler: "Ao chorar, chamar por ela, não conseguir dormir ou usar qualquer outro recurso, ele vira uma criança problemática e faz de tudo para manter a mãe por perto."

Jovem: Ele controla a mãe chamando a atenção dela para a própria fragilidade.

Filósofo: Isso mesmo. Parafraseando Adler outra vez: "Houve uma época de ouro em que tudo o que queriam lhes era dado. Entre eles, há os que ainda acham que, se chorarem bastante, protestarem bastante e se recusarem a cooperar, continuarão obtendo o que desejam. Não conseguem focar em nada além de seu proveito pessoal, muito menos enxergar a vida e a sociedade como um todo."

Jovem: Época de ouro. Com certeza, é mesmo uma época de ouro para as crianças!

Filósofo: Elas não são as únicas a optar por essa maneira de viver. Muitos adultos usam a própria fragilidade, algum infortúnio, dor ou trauma para planejar de que forma controlarão as outras pessoas. A estratégia é fazer com que se preocupem e restrinjam palavras e ações. Adler se referia a esses adultos como "crianças mimadas" e era muito crítico a seu estilo de vida e sua visão de mundo.

Jovem: Ah, também não suporto isso. Eles sempre acham que podem resolver tudo na base do choro e que expor suas mágoas os absolve. Consideram más as pessoas fortes e tentam fazer com que seus pontos fracos pareçam favoráveis. De acordo com a lógica desses adultos "mimados", tampouco é aceitável ficar mais forte; significa que você vendeu a alma ao diabo e foi cooptado.

Filósofo: Há um ponto que não podemos deixar de lado: a inferioridade física da criança, especialmente do recém-nascido.

Jovem: Recém-nascido?

Filósofo: Em tese, as crianças são incapazes de ser autossuficientes. Elas controlam os adultos que as rodeiam por meio do choro, ou seja, chamando atenção para a própria fragilidade. Quando não conseguem que os adultos façam o que desejam, entram em desespero. Elas não choram porque são mimadas ou egoístas. Para sobreviver, simplesmente não têm escolha a não ser reinar absolutas no centro do mundo.

Jovem: Humm. É verdade.

Filósofo: Todos os seres humanos são muito autocentrados, egocêntricos, no início da vida. Não sobreviveriam de outra forma. No entanto, esse reinado não dura para sempre. Temos que aceitar os limites e entender que fazemos parte do mundo. Se você conseguir entender isso, então o significado do termo "autossuficiência", que discutimos tantas vezes hoje, também deve ficar claro.

JOVEM: O significado da autossuficiência?

FILÓSOFO: Isso mesmo. A razão pela qual o objetivo da educação é a autossuficiência. Por que a psicologia adleriana considera a educação uma das questões mais importantes. E qual é o significado do termo "autossuficiente".

JOVEM: Diga logo, por favor.

FILÓSOFO: Autossuficiência significa "libertar-se do comportamento autocentrado".

JOVEM: Hein?

FILÓSOFO: É por isso que Adler chamou a sensação de comunidade de "interesse social" e se referiu a ele como a preocupação com a sociedade e com os outros. Temos que superar nosso egocentrismo obstinado e abandonar a ideia de sermos o centro do mundo. Temos que romper com o "eu" e com o estilo de vida de criança mimada.

JOVEM: Então, ao abrir mão do egocentrismo, enfim alcançamos a autossuficiência?

FILÓSOFO: Sim. As pessoas podem mudar. Podemos adotar outro estilo de vida, outra visão de mundo. O amor pode mudar o foco da vida do "eu" para o "nós". Por meio do amor, nos libertamos do "eu", alcançamos a autossuficiência e de fato aceitamos o mundo.

Jovem: Aceitamos o mundo?

Filósofo: Sim. Conhecer o amor e mudar o foco da vida para o "nós" – isso significa um novo início de vida. O "nós" que começa apenas com duas pessoas em algum momento ampliará seu alcance para toda a comunidade e a raça humana.

Jovem: Isso é...

Filósofo: ... a sensação de comunidade.

Jovem: Amor, autossuficiência e sensação de comunidade. Veja só, todas as ideias de Adler estão conectadas.

Filósofo: Exatamente. Estamos nos aproximando de uma conclusão importante. Vamos mergulhar juntos nos detalhes dessa questão.

O "amor" que o filósofo mencionou no início era totalmente diferente do que o jovem esperava. O amor é "uma tarefa cumprida a dois", e devemos buscar não a felicidade do "eu" ou "você", mas a felicidade do "nós". Só então poderemos romper com o "eu", nos libertarmos do comportamento autocentrado e alcançar a verdadeira autossuficiência. Ser autossuficiente é romper com o estilo de vida da infância e superar o egocentrismo. Nesse momento, o jovem percebeu que estava tentando abrir uma porta importante. O que estaria à sua espera do outro lado: luz brilhante ou escuridão total? A única certeza era que seu destino estava nas próprias mãos.

A QUEM ESSE AMOR É DIRECIONADO?

Jovem: São muito complexos esses detalhes?

Filósofo: Quando se trata do relacionamento amoroso e autossuficiente, a tarefa da qual não podemos fugir é a relação entre pais e filhos.

Jovem: Ah... claro, claro.

Filósofo: Os recém-nascidos são incapazes de sobreviver sozinhos. Graças à dedicação constante de outras pessoas – principalmente de suas mães –, em dado momento eles conseguem se virar. Só estamos vivos aqui e agora porque tivemos o amor e o cuidado de nossos pais. Quem pensa "fui criado sem amor" não deve se esquecer desse fato.

Jovem: Verdade. Houve um amor insuperavelmente belo e altruísta.

Filósofo: Mas, se mudarmos a perspectiva, esse amor envolve uma questão muito problemática que não pode ser completamente resolvida pelo vínculo forte entre pais e filhos.

JOVEM: Que questão seria essa?

FILÓSOFO: Independentemente de sermos o centro do mundo na infância, dependemos de nossos pais para sobreviver. Eles têm poder sobre a vida desse "eu". Se nos abandonam, morremos. As crianças são inteligentes o bastante para entender isso. Em algum momento, elas percebem que só conseguem sobreviver porque são amadas pelos pais.

JOVEM: Sem dúvida.

FILÓSOFO: E é exatamente nesse momento que as crianças escolhem o estilo de vida que terão. Como é o mundo onde vivem? Que tipo de pessoas habitam esse mundo e que tipo de pessoas elas próprias são, as crianças? Elas escolhem a atitude que terão perante a vida... Entende o que isso significa?

JOVEM: Não.

FILÓSOFO: Quando escolhemos o estilo de vida que queremos ter, a meta é basicamente descobrir "como posso ser amado". Todo mundo escolhe um "estilo de vida para ser amado" como estratégia de sobrevivência.

JOVEM: Um estilo de vida para ser amado?

FILÓSOFO: As crianças são ótimas observadoras. Elas refletem sobre o ambiente onde estão, analisam as personalidades e disposições de seus pais. Se têm irmãos, anteveem as relações de dominação, avaliam a personalidade deles e qual "eu" será amado. Com base em todos esses aspectos, escolhem um estilo de vida.

Nessa altura, há crianças que escolhem o estilo de vida do filho bem-comportado que obedece aos pais. Mas também existem aquelas que escolhem o estilo malcomportado, que faz oposição, rejeita e se revolta contra quase tudo.

Jovem: Por quê? Ao se tornarem crianças malcomportadas, não terão nenhuma chance de ser amadas, não é mesmo?

Filósofo: Esse é um ponto muito mal interpretado. As crianças que choram, ficam com raiva e reagem aos gritos não são incapazes de controlar o que sentem. Na verdade, elas controlam muito bem suas emoções e as transformam em ação porque sua intuição lhes diz que só assim podem ter o amor e a atenção dos pais. Sem isso, suas vidas correm perigo.

Jovem: Então tudo não passa de uma estratégia de sobrevivência?

Filósofo: Sim. O estilo de vida para ser amado é, em todos os aspectos, autocentrado. Seu objetivo é atrair a atenção dos outros e aprender a se manter no centro do universo sempre que possível.

Jovem: Agora as peças estão se encaixando. Em resumo, os diversos comportamentos problemáticos dos meus alunos têm raízes nesse egocentrismo. Você acha que o mau comportamento deriva do fato de eles terem um estilo de vida que busca ser amado?

Filósofo: Isso não é tudo. A busca por ser amado, que tem origem nas estratégias de sobrevivência da infância, provavelmente se tornou um critério para o estilo de vida que você mesmo adota.

Jovem: Como assim?

Filósofo: Considerando o verdadeiro sentido da palavra, você ainda não alcançou a autossuficiência – continua preso ao estilo de vida de sua infância. Se deseja contribuir para a autossuficiência de seus alunos e se tornar um verdadeiro educador, precisa primeiro se tornar autossuficiente.

Jovem: Como você pode fazer tais suposições? Baseado em quê? Eu me tornei professor e vivo nesse círculo social. Escolhi livremente meu trabalho, me sustento com meu salário e nunca pedi dinheiro ou qualquer coisa desse tipo aos meus pais. Já sou autossuficiente.

Filósofo: Mas você ama alguém?

Jovem: O quê?!

Filósofo: A autossuficiência não é uma questão econômica ou profissional. É uma atitude perante a vida; diz respeito ao estilo de vida. Em algum momento, você decidirá amar alguém. Isso acontecerá quando você conseguir se libertar do estilo de vida adquirido na infância e alcançar a verdadeira autossuficiência. Porque é amando os outros que nós, enfim, nos tornamos adultos.

Jovem: O amor nos torna adultos?

Filósofo: Sim. O amor é autossuficiente. Isso é se tornar adulto. É por isso que o amor é difícil.

COMO CONQUISTAR O AMOR DOS PAIS?

Jovem: Mas eu sou autossuficiente. Não dependo dos meus pais. O desejo de ser amado por eles é algo que nem sequer passa pela minha cabeça. Em vez de optar pela profissão que meus pais sonhavam para mim, fui trabalhar na biblioteca da universidade ganhando mal e agora estou investindo na carreira de educador. Decidi que, ainda que isso criasse atritos em nosso relacionamento familiar, eu não me importaria. Estou preparado para não agradar. Para mim, pelo menos, a escolha profissional foi uma maneira de romper com meu estilo de vida da infância.

Filósofo: Você tem um irmão mais velho, certo?

Jovem: Sim. Meu irmão está assumindo a gráfica do nosso pai.

Filósofo: Parece que continuar o negócio da família não era sua meta. Para você, o importante era fazer algo diferente. Se optasse pela mesma área em que trabalham seu pai e seu irmão, você não conseguiria chamar atenção e, portanto, continuaria sem entender o próprio valor.

Jovem: Como assim?

Filósofo: Mas isso vai além do trabalho. Possivelmente vem da primeira infância, já que seu irmão é mais velho e, independentemente do que você fizesse, ele sempre teria mais poder e mais experiência. Você nunca teve a menor chance de sair vitorioso. O que poderia fazer a respeito?

De acordo com Adler, "em geral, o filho mais novo escolhe um caminho completamente diferente dos outros membros da família". Se for uma família de cientistas, ele vai se tornar músico ou comerciante. Se for uma família de comerciantes, pode se tornar um poeta. A meta é se diferenciar dos demais.

Jovem: Isso não passa de suposição. Aliás, uma suposição que ridiculariza o livre-arbítrio.

Filósofo: Sim. O próprio Adler só falava em "tendências" no que se refere à ordem de nascimento dos irmãos. No entanto, é útil conhecer as tendências que despontam no ambiente onde o indivíduo se insere.

Jovem: E quanto a meu irmão? Que tipo de tendência ele tem?

Filósofo: Para o primeiro filho e para o filho único, o maior privilégio talvez seja o fato de que, durante um tempo, eles monopolizaram o amor dos pais. Quem nasce depois não passa pela experiência de ter atenção exclusiva. Há sempre um rival na dianteira. Em muitos casos, irmãos vivem relacionamentos competitivos.

Quando nasce um irmão, o primogênito, que até ali tinha monopolizado o amor dos pais, vê-se forçado a sair dessa posição. O primogênito que não souber lidar bem com esse revés alimentará a esperança de um dia recuperar seu lugar privilegiado. Adler refere-se a essa criança como uma "adoradora do passado", alguém que cria um estilo de vida conservador e pessimista em relação ao futuro.

Jovem: Meu irmão certamente tem essa tendência.

Filósofo: Nesse estilo de vida, a pessoa sabe a importância da força e da autoridade, gosta de exercer seu poder e valoriza em excesso o respeito às regras. É um estilo de vida realmente conservador.

No entanto, quando nasce um irmão ou irmã, o primogênito que já aprendeu sobre cooperação e ajuda tem mais chances de se transformar em um excelente líder. É como se reproduzisse a educação que recebeu dos pais, alegrando-se em cuidar de irmãos e aprendendo o significado da palavra contribuição.

Jovem: E o segundo filho? No meu caso, eu sou o segundo filho e também o caçula. Que tipo de tendências tem o segundo filho?

Filósofo: Segundo Adler, o segundo filho típico é facilmente reconhecível. Ele tem sempre um ponto de referência e o sentimento permanente de "quero estar à altura". Quer acompanhar o ritmo do primogênito e, para tanto, precisa se apressar. Com isso, vive se cobrando e planejando maneiras de se igualar, ultrapassar e até mesmo triunfar sobre o irmão mais velho. Diferentemente do primogênito conservador, que valoriza o respeito às regras, o segundo filho deseja reverter até mesmo a lei natural da ordem de nascimento.

Portanto, o objetivo dos segundos filhos é a revolução. Em vez de tentar conviver em paz com os poderes estabelecidos, como fazem os primogênitos, eles trabalham pela derrubada desses mesmos poderes.

Jovem: Está dizendo que tenho vocação para ser um revolucionário impetuoso?

Filósofo: Não sei. Essa classificação é um mero auxílio à compreensão humana – ela não determina nada realmente.

Jovem: E o filho único? Como não há rivais acima ou abaixo, ele consegue se manter no centro do poder?

Filósofo: É verdade que o filho único não tem irmãos para virarem rivais. Nessa situação, os pais é que se tornam os rivais. A criança anseia tanto pelo amor da mãe que acaba vendo o pai como um adversário. Ela está em um ambiente propício ao desenvolvimento do chamado complexo materno.

Jovem: Essa é uma ideia bem freudiana, não é mesmo?

Filósofo: Mas a questão que Adler considera mais problemática aqui é a situação de angústia psicológica vivida pela criança solitária.

Jovem: Angústia psicológica?

Filósofo: Para começar, a criança é exposta à angústia de estar sempre preocupada com o irmão ou a irmã que vai nascer e ameaçará sua posição. Mais do que tudo, teme o nascimento de um novo príncipe ou uma nova princesa. Além disso, ela precisa ter cuidado com a covardia de seus pais.

Jovem: Como assim?

FILÓSOFO: Alguns casais, quando têm o primeiro filho, dizem a si mesmos: "Considerando a situação econômica e o trabalho que um filho dá, não podemos nos dar ao luxo de ter mais um." Assim evitam aumentar a família, independentemente de sua real situação econômica.

De acordo com Adler, muitos casais são pessimistas e têm uma atitude covarde em relação à vida. Além disso, a ansiedade contamina o ambiente doméstico; eles pressionam excessivamente os filhos únicos e os fazem sofrer. Como ter mais de um filho era a norma na época de Adler, ele enfatizou muito esse ponto.

JOVEM: Então os pais não podem simplesmente se dedicar a amar os filhos, certo?

FILÓSOFO: Certo. O amor infinito muitas vezes se transforma em ferramenta para controlar a criança. Todos os pais devem apoiar o objetivo da autossuficiência e investir na construção de relacionamentos equitativos com os filhos.

JOVEM: E depois, independentemente da personalidade dos pais, só resta às crianças escolher um estilo de vida que lhes permita serem amadas.

FILÓSOFO: Exatamente. Entendo que, apesar da oposição de seus pais, você decidiu trabalhar como bibliotecário e agora escolheu o caminho da educação. Porém, isso não basta para dizer que você se tornou autossuficiente. Talvez, ao escolher um caminho diferente, você esteja tentando "ganhar" do seu irmão e capturar a atenção de seus pais. Talvez, ao obter sucesso nesse caminho diferente, você espere ser reconhecido por seu valor como ser humano. Talvez esteja tentando derrubar os poderes estabelecidos e assumir o trono.

JOVEM: Se isso for verdade, e daí?

FILÓSOFO: Você está obcecado pela necessidade de aprovação. Só pensa em como pode ser amado e reconhecido pelas outras pessoas. Mesmo a carreira de educador, que parece ter sido uma escolha pessoal, pode representar o que os outros esperam de você, uma vida cujo objetivo é obter o reconhecimento alheio.

JOVEM: Essa é a vida que eu escolhi como educador?

FILÓSOFO: Enquanto mantiver o estilo de vida da infância, não conseguirá eliminar essa possibilidade.

JOVEM: Como pode ter certeza disso? Estou aqui sentado, escutando, enquanto você segue inventando coisas sobre os relacionamentos familiares das outras pessoas, e até mesmo tentando me anular como educador.

FILÓSOFO: Para deixar claro, não é com um emprego que se conquista a autossuficiência. De modo geral, vivemos controlados pelo amor de nossos pais. Escolhemos nosso estilo de vida em um momento no qual só almejamos o amor deles. Quando nos tornamos adultos, não deixamos de reforçar esse estilo de vida que busca ser amado.

Para que o amor que recebemos não nos controle mais, a única saída é amar. Não espere ser amado nem espere pelo destino: ame alguém por vontade própria. É a única maneira.

AS PESSOAS TÊM MEDO
DE AMAR

JOVEM: Você costuma reduzir tudo a "coragem", mas desta vez está tentando resolver pelo "amor".

FILÓSOFO: Amor e coragem estão intimamente ligados. Você ainda não conhece o amor. Tem medo e dúvidas em relação a ele. Em consequência, está preso ao estilo de vida escolhido na infância. Você não tem coragem suficiente para mergulhar no amor.

JOVEM: Eu tenho medo de amar?

FILÓSOFO: Segundo Fromm, "quando se tem consciência do medo de não ser amado, o medo real, embora geralmente inconsciente, é o de amar". Depois, ele afirma: "Amar é comprometer-se sem garantias, entregar-se completamente. O amor é um ato de fé, e quem tiver pouca fé também terá pouco amor." Por exemplo, quando sentimos, ainda que minimamente, que uma pessoa demonstra boa vontade em relação a nós, nos interessamos por ela e começamos a gostar dessa pessoa. É o tipo de coisa que acontece com frequência, não é mesmo?

JOVEM: Sim, acontece. Não seria exagero dizer que a maioria dos casos amorosos começa assim.

Filósofo: Essa é uma situação em que a pessoa obteve alguma garantia de ser amada, mesmo que não passe de um grande mal-entendido. Ela sente que há algum tipo de retribuição: "Aquela pessoa provavelmente gosta de mim" ou "Eles provavelmente não rejeitarão minha aproximação". E é com base nessa garantia que podemos começar a amar mais intensamente.

Por outro lado, o "amor" ao qual Fromm se refere não oferece qualquer garantia. Amamos independentemente do que a outra pessoa pensa de nós. Apenas nos lançamos no amor.

Jovem: Não se deve buscar garantias no amor.

Filósofo: Correto. Por que as pessoas procuram garantias no amor? Você sabe a razão?

Jovem: Elas não querem se magoar ou ficar tristes. Acho que é por isso.

Filósofo: Não. Na verdade, é exatamente isto que elas pensam: que "com certeza" vão se magoar ou ficar tristes.

Jovem: Como?

Filósofo: Você ainda não se ama. Não consegue se respeitar ou ter confiança em si mesmo. É por essa razão que acha que, em um relacionamento amoroso, se sentirá magoado ou triste. Acha que ninguém amaria uma pessoa como você.

Jovem: Mas essa é a verdade, não é?

Filósofo: "Eu não tenho nenhuma característica especial. É por isso que não consigo construir um relacionamento amoroso com ninguém. Não consigo embarcar em um amor sem garantias." Essa maneira de pensar é típica de quem tem complexo de inferioridade; a pessoa usa o sentimento de inferioridade como desculpa para não realizar as próprias tarefas.

JOVEM: Mas, mas...

FILÓSOFO: É preciso separar as tarefas. Amar é sua tarefa. Mas como a outra pessoa reagirá ao seu amor? Isso é tarefa da outra pessoa e algo que você não pode controlar. O que cabe a você é separar as tarefas e amar primeiro. Isso é tudo.

JOVEM: Vamos fazer uma pausa e organizar as ideias. É verdade que eu não consigo me amar. Tenho um forte sentimento de inferioridade que se transformou em complexo de inferioridade. Não sou capaz de separar as tarefas. Avaliando objetivamente nossa conversa, isso resume bem minha situação.
    Então o que posso fazer para acabar com meu sentimento de inferioridade? Há apenas uma alternativa: conhecer alguém que me aceite e me ame como sou. Caso contrário, não tenho como me amar.

FILÓSOFO: Em outras palavras, sua posição é: "Se você me amar, eu te amarei"?

JOVEM: Acho que sim, em poucas palavras.

FILÓSOFO: No final das contas, você só pensa: "Será que essa pessoa me ama?" Parece que você está olhando para ela, mas vendo apenas a si mesmo. Se mantiver essa atitude, quem vai amar você?
    Se há alguém que pode responder a essa necessidade tão auto-

centrada, esse alguém seriam seus pais, porque o amor parental, especialmente o de mãe, é incondicional.

JOVEM: Você acha que pode me tratar como uma criança!

FILÓSOFO: Veja bem, aquela época de ouro acabou. E o mundo não é sua mãe. Você deve avaliar objetivamente o estilo de vida da infância que mantém em segredo e recomeçar do zero. Não espere que apareça alguém para amar você.

JOVEM: Estamos andando em círculos!

NÃO EXISTE UMA PESSOA DESTINADA A VOCÊ

FILÓSOFO: Vamos dar mais um passo à frente. Hoje, no começo do dia, em nossa conversa sobre educação, citei duas coisas que não podem ser forçadas.

JOVEM: Sim, respeito e amor.

FILÓSOFO: Isso mesmo. Mesmo que eu seja um ditador, não posso forçar as pessoas a me respeitarem. Só se estabelece uma relação de respeito quando se age respeitosamente primeiro. Essa é a única coisa que eu posso fazer, não importando como a outra pessoa vai reagir. Era disso que eu estava falando antes.

JOVEM: Com o amor é a mesma coisa?

FILÓSOFO: Sim, o amor também não pode ser forçado.

JOVEM: Você ainda não respondeu à minha pergunta principal. Sinto que quero amar alguém. Sendo muito sincero, apesar do medo de amar, sinto que preciso de um amor. Então por que eu não mergulho no amor?
Porque não conheci essa pessoa crucial que devo amar. Como não tive sucesso em encontrar a parceira destinada a mim, meu

desejo de amar não se concretiza. O encontro é o problema mais difícil no que diz respeito ao amor.

FILÓSOFO: Quer dizer que o verdadeiro amor começa com um encontro entre duas pessoas destinadas uma à outra?

JOVEM: Com certeza. Porque a parceira é alguém a quem você dedica sua vida, que muda o foco da sua existência. Não dá para fingir que você pode oferecer tudo de si mesmo a qualquer pessoa.

FILÓSOFO: Que tipo de pessoa você consideraria "destinada" a você? Ou seja, como você saberia que foi obra do destino?

JOVEM: Não sei... Acho que vou saber quando chegar a hora. Isso é território desconhecido para mim.

FILÓSOFO: Entendo. Então vamos começar resgatando a crença básica de Adler sobre isso. No amor ou na vida de modo geral, Adler não aceita a existência de pessoas destinadas a algo, seja para o que for.

JOVEM: Não existe alguém destinado a nós?

FILÓSOFO: Não.

JOVEM: Espere... Essa é uma afirmação que não posso deixar passar.

FILÓSOFO: Por que as pessoas procuram alguém idealizado para amar? Por que criamos ilusões românticas em relação a nossos cônjuges? A razão, como Adler conclui, é esta: "Para eliminar todos os candidatos."

Jovem: Como assim, eliminar os candidatos?

Filósofo: As pessoas que, como você, lamentam não conseguir conhecer alguém, na verdade conhecem pessoas todos os dias. Tirando algumas circunstâncias raras, todo mundo conheceu alguém no ano passado. Você mesmo conheceu muita gente, não é verdade?

Jovem: Se você se refere a estar no mesmo lugar que outras pessoas...

Filósofo: A questão é que transformar um mero encontro em algum tipo de relacionamento exige um pouco de coragem. Para ligar depois, enviar mensagens... esse tipo de coisa.

Jovem: De fato. Isso requer não apenas certa coragem, mas a maior coragem de todas.

Filósofo: O que fazemos quando perdemos a coragem de começar um relacionamento? Nós nos agarramos a fantasias sobre uma pessoa destinada a nós... Exatamente como você está fazendo agora. Mesmo que muitas vezes a pessoa para amar esteja bem na nossa frente, inventamos mil razões para rejeitar cada possível candidata. Então pensamos: "Tem que haver uma parceira ideal, perfeita, destinada a mim." Assim não investimos em relacionamentos mais sérios e eliminamos unilateralmente toda e qualquer possibilidade.

Jovem: Não é nada disso.

Filósofo: Ao cultivar ideais exagerados e impossíveis, as pessoas evitam tudo que possa favorecer interações com gente de verdade, de carne e osso. Esta é a verdade de quem lamenta não conseguir conhecer alguém.

JOVEM: Quer dizer que estou fugindo de relacionamentos?

FILÓSOFO: Você vive no mundo das hipóteses. Pensa na felicidade como algo que virá de algum lugar: "A felicidade ainda não bateu na minha porta, mas, se eu encontrar a pessoa ideal, tudo ficará bem."

JOVEM: Que visão horrível você tem!

FILÓSOFO: Sei que não é nada agradável ouvir isso. Mas, se o seu objetivo for a busca da pessoa destinada a você, a discussão sempre chegará a esse ponto.

O AMOR É UMA DECISÃO

Jovem: Vamos nessa, então. Se não há alguém destinado a cada um de nós, por que se casar? Casar significa escolher uma única pessoa em todo o mundo, não é? Obviamente, não se trata apenas de escolher levando em conta aparência, finanças e posição social.

Filósofo: O casamento não é uma questão de escolher um alvo. É uma escolha de estilo de vida.

Jovem: Escolher um estilo de vida? Então o "alvo" pode ser qualquer um.

Filósofo: Em última análise, sim.

Jovem: Não confunda as coisas. Essa afirmação é inaceitável.

Filósofo: Admito que é uma visão polêmica. Mas somos capazes de amar qualquer pessoa.

Jovem: Se fosse assim, você poderia simplesmente sair de casa, encontrar uma mulher na rua e se apaixonar por ela, até mesmo se casar com ela, sem ter a menor ideia de quem ela é ou de onde vem?

FILÓSOFO: Se essa for a minha decisão.

JOVEM: Como assim?

FILÓSOFO: Muitos acham que foi o destino que colocou aquela pessoa no seu caminho e decidem se casar por conta dessa intuição. Mas ninguém define previamente o destino. O que acontece é que a pessoa decidiu acreditar que foi o destino.

Como observou Fromm: "Amar alguém não é apenas uma emoção intensa, é também uma decisão, um julgamento, uma promessa."

Não importa como o encontro acontece. Se a pessoa decide construir o amor real a partir desse encontro e abraça a tarefa a ser cumprida por duas pessoas, o amor é possível com qualquer parceiro.

JOVEM: Você não percebe que está fazendo pouco-caso do seu próprio casamento? Está dizendo que sua esposa não estava destinada a você e que poderia ter se casado com qualquer outra mulher! Afirmaria isso diante da sua família? Se a resposta for sim, então você é um niilista radical.

FILÓSOFO: Não é niilismo, é realismo. A psicologia adleriana nega todo tipo de determinismo e rejeita o fatalismo. Não há ninguém enviado pelo destino. Não devemos esperar que essa pessoa idealizada apareça, e nada mudará pelo fato de termos esperado. Não pretendo ceder nesse ponto.

No entanto, ao analisar os anos que passamos ao lado de nossas parceiras, é possível sentir que havia alguma coisa destinada. O destino, nesse caso, não é algo predeterminado nem que desaba sobre nós por acaso. Foi construído pelo esforço de duas pessoas.

JOVEM: O que quer dizer com isso?

FILÓSOFO: Tenho certeza de que você já entendeu. O destino é algo que você mesmo cria.

JOVEM: Não é possível!

FILÓSOFO: Não devemos nos tornar escravos do destino. Ao contrário, devemos ser os donos de nossos destinos. Em vez de procurar alguém enviado pelo acaso, construímos relacionamentos que podem ser encarados como destinados a acontecer.

JOVEM: Em termos concretos, o que você recomenda que a gente faça?

FILÓSOFO: Que dancemos. Que nos envolvamos na dança do agora com o parceiro à nossa frente. Assim, não pensaremos em um futuro imprevisível ou em um destino que pode nunca vir a existir.

Adler recomendou a dança para muitas pessoas, inclusive crianças, como um "passatempo de dois seres humanos participando de um trabalho colaborativo". Amor e casamento de fato se assemelham a duas pessoas dançando juntas. Sem nunca pensar sobre aonde gostariam de ir, elas se dão as mãos e, concentradas na felicidade do dia de hoje, deste momento chamado de agora, continuam dançando e girando. Um dia, as pessoas vão se referir à dança que vocês criaram como destino.

JOVEM: Amor e casamento são duas pessoas dançando juntas...

FILÓSOFO: Você está em pé, na beira da pista de dança da vida, simplesmente observando os outros dançarem. Presume que ninguém dançaria com alguém como você, enquanto espera impacientemente que a pessoa idealizada lhe estenda a mão. Está fazendo todo o possível para resistir e se proteger, de modo a não se sentir mais infeliz do que já se sente e não começar a se detestar.

Há uma coisa que você deve fazer. Pegue a mão da pessoa ao seu lado e tente dançar da melhor forma que puder no momento. Seu destino começará nesse instante.

ESCOLHA NOVAMENTE SEU ESTILO DE VIDA

Jovem: O sujeito observando na beira da pista de dança... Essa é boa! Como sempre, você trata as pessoas como se fossem trapos velhos. A questão é que eu tentei dançar, juro que tentei. Quero dizer, eu tive alguém que poderia ser chamado de meu amor.

Filósofo: Com certeza você teve.

Jovem: Mas não era o tipo de relação que viraria um casamento. Não estávamos juntos para nos amarmos – queríamos apenas poder dizer que éramos namorados. Sabíamos muito bem que tinha data de validade. Nunca falamos sobre um futuro a dois, muito menos sobre nos casarmos. Foi passageiro.

Filósofo: É comum esse tipo de relacionamento na juventude.

Jovem: Desde o início, pensei nela como uma concessão, e disse a mim mesmo: "Tenho várias queixas, mas não estou na posição de sonhar mais alto. Com ela, vou viver dentro das minhas possibilidades." Acho que ela me escolheu pela mesma razão. Refletindo sobre isso agora, é um modo de pensar bem constrangedor – mesmo que fosse verdade que eu não podia sonhar mais alto.

FILÓSOFO: É muito positivo você ter conseguido encarar esse sentimento.

JOVEM: Quero perguntar uma coisa: o que levou você a decidir se casar? Não existe essa história de pessoa destinada a alguém e não se pode adivinhar o futuro. Há sempre a possibilidade de aparecer alguém mais atraente. Se você se casar, essa possibilidade desaparece. Mas como é que nós, ou melhor, *você* resolveu se casar com essa pessoa e não com outra?

FILÓSOFO: Eu queria ser feliz.

JOVEM: Não entendi.

FILÓSOFO: Pensei que, se eu amasse essa pessoa, poderia ser mais feliz. Em retrospecto, percebo que a ideia era buscar uma "felicidade a dois", algo além da "minha felicidade". Na época, eu não sabia nada sobre Adler e nunca tinha pensado seriamente sobre amor e casamento. Eu só queria ser feliz.

JOVEM: Eu também. Todo mundo fica junto na esperança de ser feliz. Mas isso é diferente de se casar.

FILÓSOFO: Mas a sua esperança não era a de ser feliz, era? Você apenas desejava que tudo fosse mais fácil.

JOVEM: Não entendi.

FILÓSOFO: A expectativa por uma relação amorosa não é algo fácil. A responsabilidade que se deve assumir é grande, sem contar as tristezas e dificuldades imprevisíveis que podem advir. Será que diante disso ainda é possível amar? Será que, independentemente dos problemas que surjam, é possível ter a determinação de amar essa pessoa e caminhar ao seu lado? Será que é possível transformar esse sentimento em um compromisso?

Jovem: A responsabilidade... de amar?

Filósofo: Imagine uma pessoa que diz "Eu gosto de flores" mas deixa que elas murchem por esquecer de regá-las, por não pensar em colocá-las em um vaso maior ou por não ajustar a quantidade de luz que incide sobre elas. Essa pessoa apenas dispõe o vaso como um enfeite da decoração. Pode até ser verdade que ela gosta de olhar para as flores, mas não se pode dizer que ame as flores. O amor exige mais dedicação.
 Isso vale para você, que evitou assumir a responsabilidade de quem ama. Você devorou o fruto de sua paixão sem regar as flores ou plantar as sementes. Esse é o amor hedonista e efêmero.

Jovem: Eu sei. Eu não a amava. Simplesmente me aproveitei de suas boas intenções.

Filósofo: Não é que não a amasse. Você não sabia o que era "amar". Se soubesse, tenho certeza de que teria construído um relacionamento duradouro com aquela mulher.

Jovem: Com ela? Tem certeza?

Filósofo: Como diz Fromm: "O amor é um ato de fé e todo aquele que tem pouca fé também tem pouco amor." Adler usaria a palavra "coragem" no lugar de "fé". Você tinha pouca coragem. Portanto, só conseguiu amar um pouquinho. Por não ter a coragem de amar, você tentou manter o estilo de vida de sua infância, cuja meta era ser amado. Foi isso.

Jovem: Com a coragem de amar, ela e eu talvez...

Filósofo: Sim... Com a coragem de amar, ou seja, a coragem de ser feliz.

Jovem: Você está dizendo que, se eu tivesse sido corajoso na época, poderia tê-la amado e enfrentado a tarefa a ser cumprida a dois?

Filósofo: E teria alcançado a autossuficiência.

Jovem: Não, não... Não entendo isso. É porque tudo se resume ao amor? O amor é realmente a única maneira de encontrarmos a felicidade?

Filósofo: O amor é tudo. A pessoa que almeja uma vida fácil ou que procura o caminho mais simples pode encontrar prazeres fugazes, mas não conseguirá ser feliz de verdade. Somente quando amamos outra pessoa é que nos libertamos do comportamento autocentrado. Somente quando amamos outra pessoa é que nos tornamos autossuficientes. Somente quando amamos outra pessoa é que alcançamos a sensação de comunidade.

Jovem: Mas você não tinha dito antes que a felicidade é uma sensação de contribuição e que, se alguém se sente assim, pode encontrar a felicidade? Era mentira?

Filósofo: Não é mentira. A questão aqui é o método para conquistar a sensação de contribuição, ou melhor, o modo de vida da pessoa. É natural que ela possa contribuir apenas com sua presença. Ela contribui "sendo", não por meio de atos que podem ser vistos. Não há necessidade de fazer nada especial.

Jovem: Isso é mentira. Não há como sentir isso.

Filósofo: Você diz isso porque seu foco é no "eu". Quando você conhece o amor e desloca seu foco para o "nós", as coisas mudam: passa-se a ter a real sensação de um "nós" que inclui toda a raça humana, com as pessoas contribuindo para o bem do outro simplesmente por viver.

Jovem: Terei a real sensação de um "nós" que inclui não apenas a minha parceira, mas toda a raça humana?

Filósofo: Em outras palavras, você vai alcançar a sensação de comunidade. Não posso resolver suas tarefas por você, mas, se pedisse o meu conselho, eu provavelmente diria algo como: "Ame, seja autossuficiente e escolha a vida."

Jovem: Ame, seja autossuficiente e escolha a vida!

Filósofo: Veja... O céu começou a clarear a leste.

O jovem agora entendia com todo o seu ser o amor descrito por Adler. *Se eu tiver a coragem de ser feliz, conseguirei amar alguém e terei a chance de escolher novamente a minha vida. Vou alcançar a verdadeira autossuficiência.* A neblina espessa que tinha turvado sua visão estava enfim se dissipando. O jovem ainda não sabia, mas o que o aguardava além da neblina não era um campo florido. Amar, ser autossuficiente e escolher a vida – o caminho não seria fácil.

ADOTE A SIMPLICIDADE

JOVEM: Essa é uma conclusão e tanto.

FILÓSOFO: Vamos resumir o que dissemos e fazer deste o nosso último encontro.

JOVEM: Sério?

FILÓSOFO: Este gabinete não é um lugar que gente jovem gosta de visitar muitas vezes. Além do mais, você é um educador. Seu lugar é na sala de aula, e você deveria estar conversando com as crianças que viverão no futuro.

JOVEM: Mas eu ainda não entendi tudo. Se pararmos por aqui, vou me perder, porque ainda não comecei a subir a escada de Adler.

FILÓSOFO: É verdade que você ainda não começou a subir a escada, mas já conseguiu colocar o pé no primeiro degrau. Há três anos, eu disse: "O mundo é simples e a vida também." Agora que terminamos nossa conversa de hoje, acrescentarei algumas palavras.

JOVEM: Diga...

Filósofo: Sim, o mundo é simples e a vida também. Mas "manter a simplicidade é difícil". É aí que a passagem dos dias comuns vira um desafio.

Jovem: Ah!

Filósofo: Saber mais sobre Adler, concordar com Adler e aceitar Adler não basta para mudar a vida de alguém. As pessoas costumam dizer que o primeiro passo é crucial. Que tudo ficará bem assim que você cumprir essa etapa. É claro que o primeiro passo é o momento decisivo.

Na vida real, no entanto, as experiências dos dias comuns começam somente depois que damos o primeiro passo. O que realmente está sendo testado é a coragem da pessoa para se manter nesse caminho. Exatamente como na filosofia.

Jovem: De fato, os dias comuns são desafiadores.

Filósofo: É provável que você venha a entrar em conflito com Adler em muitas ocasiões. Você terá dúvidas, poderá desistir, se cansar de amar. Ou talvez volte a buscar ser amado. Pode até querer visitar este gabinete outra vez.

Se isso acontecer, por favor, converse com as crianças, que são os companheiros que viverão na próxima era. E, se conseguir, em vez de apenas adotar as ideias de Adler como foram formuladas, faça você mesmo uma atualização.

Jovem: Devemos atualizar Adler?

Filósofo: Adler não queria que sua psicologia ficasse didaticamente parada no mesmo lugar, ou conhecida só entre especialistas. Tinha esperança de que fosse encarada como uma psicologia para todos e continuasse a evoluir longe do mundo acadêmico, como senso comum.

Não somos uma religião que segue as próprias escrituras eternas e Adler não é nosso fundador sagrado, mas um filósofo que viveu no mesmo nível que nós. Os tempos mudam. Novas artes nascem, assim como as relações e preocupações também se renovam. O senso comum das pessoas se transforma lentamente com os novos tempos. É por valorizarmos as ideias de Adler que devemos continuar a atualizá-las. Não devemos agir como fundamentalistas. Essa é a missão confiada aos seres humanos que viverão na nova era.

AOS AMIGOS QUE VIVERÃO
NA NOVA ERA

Jovem: E você? O que vai fazer daqui em diante?

Filósofo: Imagino que outros jovens que ouvirem falar de mim aparecerão aqui, porque os tempos mudam, mas as preocupações das pessoas continuam as mesmas. Por favor, não se esqueça: nosso tempo é limitado. Por isso, todos os relacionamentos interpessoais existem sob a égide da despedida. Este não é um termo niilista – a realidade é que nos encontramos para podermos partir.

Jovem: Sem dúvida.

Filósofo: Mas há uma coisa que podemos fazer: dedicar nossos esforços de maneira contínua, em todos os encontros e relações interpessoais, para tornar a despedida a melhor possível. Isso é tudo.

Jovem: Nossos esforços contínuos para a melhor despedida possível?

Filósofo: Sim, de modo que, quando o dia da despedida chegar, tenhamos convicção de que "conhecer essa pessoa e conviver com ela não foi um erro". Isso vale para os relacionamentos com os alunos, com os pais ou com a pessoa que amamos.

Se, por exemplo, o relacionamento com seus pais, com um aluno ou um amigo acabasse de repente, você seria capaz de aceitar esse fato como a melhor despedida possível?

JOVEM: Não. Isso é tão...

FILÓSOFO: Então você não tem escolha a não ser começar a construir agora o tipo de relacionamento que faria você se sentir dessa maneira. Esse é o significado de "viver intensamente no aqui e agora".

JOVEM: Não seria tarde demais se eu começasse agora?

FILÓSOFO: Nunca é tarde demais.

JOVEM: Mas leva um tempo para colocar as ideias de Adler em prática. Você mesmo me disse isto: "A pessoa precisa de metade do número de anos já vividos."

FILÓSOFO: Sim, mas essa é a visão de um pesquisador adleriano. O próprio Adler disse algo totalmente diferente a respeito disso.

JOVEM: O que ele disse?

FILÓSOFO: Em resposta à pergunta "Existe um limite de tempo para uma pessoa mudar?", Adler respondeu que sim, com certeza. E então, com um sorriso malicioso, acrescentou: "Até a véspera de seu encontro com o Criador."

JOVEM: Ha, ha, ha...

FILÓSOFO: Vamos amar e dedicar nossos esforços para nos despedirmos da melhor forma possível da pessoa que amamos. Não há necessidade de nos preocuparmos com limite de tempo ou algo assim.

JOVEM: Você acha que isso está ao meu alcance? Dedicar esforços contínuos?

FILÓSOFO: Claro. Desde que nos conhecemos, há três anos, nos dedicamos a isso. Agora estamos nos aproximando da melhor despedida possível. Não devemos nos arrepender de nada desse tempo juntos.

JOVEM: Não mesmo.

FILÓSOFO: Estou orgulhoso de conseguir me despedir me sentindo tão revigorado. Para mim, você é o melhor amigo possível. Muito obrigado.

JOVEM: Também sou grato. É muito bom ouvir isso. Mas não sei se sou digno das suas palavras. Temos mesmo que nos despedir para sempre? Não podemos nos encontrar novamente?

FILÓSOFO: Trata-se de sua independência e sua autossuficiência como amante da sabedoria, ou seja, como filósofo. Eu não disse isso há três anos? As respostas não são algo que se recebe de outra pessoa; chega-se a elas por conta própria. Você está pronto para fazer isso.

JOVEM: Para me tornar independente de você...

Filósofo: Hoje tenho grandes expectativas. Seus alunos se formarão na escola, amarão alguém algum dia, alcançarão a autossuficiência e se tornarão adultos. Um dia, haverá dezenas, até centenas deles e, quem sabe, os tempos finalmente alcancem Adler.

Jovem: É exatamente esse o objetivo que eu tinha há três anos, quando comecei meu caminho como educador.

Filósofo: Só você construirá esse futuro. Não há dúvida. Você não pode antever o futuro porque as possibilidades são infinitas. É precisamente por isso que podemos ser os donos dos nossos destinos.

Jovem: Verdade... Eu não consigo ver nada do meu futuro. Absolutamente nada. O que não deixa de ser estimulante.

Filósofo: Nunca aceitei discípulos e em todas as nossas interações tive o maior cuidado para não pensar em você como um. Mas agora que transmiti a você tudo o que precisava ser transmitido, tenho a sensação de que enfim entendi alguma coisa.

Jovem: E o que seria?

Filósofo: Minha busca não é de discípulos ou sucessores, mas de um parceiro de corrida. É provável que você me encoraje ao longo do meu caminho, como um parceiro de corrida insubstituível que defende os mesmos ideais que eu. De agora em diante, onde quer que você esteja, tenho certeza de que continuarei a sentir sua presença.

Jovem: Sim, conte comigo. Vou correr ao seu lado, sempre.

Filósofo: Bem... Está na hora de levantar a cabeça e voltar para a sala de aula. Os alunos estão esperando. Uma nova era aguarda todos vocês.

O gabinete do filósofo, isolado do mundo exterior. *Ao sair por essa porta, o caos me espreita. Ruído, discórdia e a vida cotidiana me aguardam.*
"O mundo é simples e a vida também."
"Mas manter a simplicidade é difícil. É aí que a passagem dos dias comuns vira um desafio."
É verdade, não há outra maneira de fazer isso. De qualquer forma, vou me lançar no caos novamente, porque meus companheiros e meus alunos estão mergulhados em um grande caos. E porque esse é o lugar onde vivo.

O jovem respirou fundo e, com um ar determinado, abriu a porta.

POSFÁCIO

Este volume é a continuação de *A coragem de não agradar*, livro escrito com o Sr. Ichiro Kishimi e publicado em 2013.

De início, não planejamos uma continuação. Talvez nosso livro não tenha transmitido tudo sobre o pensador Alfred Adler, conhecido como o fundador da psicologia adleriana, mas foi muito bem-sucedido ao apresentar a essência de seu pensamento. *A coragem de não agradar* teve uma repercussão favorável e eu não conseguia ver sentido em dar prosseguimento a um livro que já tivera uma conclusão.

Um ano após a publicação de *A coragem de não agradar*, em meio a uma conversa sobre assuntos triviais, o Sr. Kishimi deixou escapar as seguintes palavras: "Se Sócrates e Platão estivessem vivos hoje, talvez escolhessem o caminho da psiquiatria em vez da filosofia."

Sócrates e Platão teriam se tornado psiquiatras?

As ideias da filosofia grega poderiam ser aplicadas em um ambiente clínico?

Fiquei tão surpreso que me calei por um momento. O Sr. Kishimi é o maior especialista em psicologia adleriana no Japão e um filósofo com tanto conhecimento sobre a Grécia Antiga que traduziu Platão. Não foi uma declaração diminuindo a importância da filosofia grega, é claro. Se eu tivesse que citar um fator que levou à escrita de *A coragem de ser feliz*, suponho que seria esse comentário especial do Sr. Kishimi.

A psicologia adleriana aborda todo tipo de problema da vida em uma linguagem simples que pode ser entendida por qualquer pessoa. Nunca recorre a terminologias enigmáticas: é uma forma de pensamento dotada de qualidades mais semelhantes à filosofia do que à psicologia. Parece-me que *A coragem de não agradar* foi amplamente aceito como uma filosofia de vida, não como um livro sobre psicologia.

Por outro lado, será que essa característica filosófica não revela a incompletude do pensamento de Adler como psicólogo e aponta suas falhas como cientista? Será que foi por isso que Adler se tornou um gigante esquecido? Será que foi por suas ideias serem incompletas como psicologia que ele não se consolidou no mundo acadêmico? Venho compartilhando o pensamento de Adler, mas nunca deixei de ter dúvidas.

Aquela declaração do Sr. Kishimi lançou uma luz sobre elas.

Adler não escolheu a psicologia para analisar a mente humana. Ele decidiu ingressar na medicina após a morte do irmão mais novo, e a questão central do seu pensamento sempre foi: "O que é felicidade para o ser humano?" No início do século XX, quando Adler era vivo, a psicologia era a abordagem mais avançada para entender os seres humanos e para investigar a verdadeira felicidade. Não devemos nos deixar impressionar pelo nome "psicologia adleriana" nem perder tempo comparando-o a Freud e Jung. Se Adler tivesse nascido na Grécia Antiga, talvez escolhesse a filosofia, e se Sócrates e Platão tivessem nascido em nosso tempo, talvez escolhessem a psicologia. Como o Sr. Kishimi sempre diz, "a psicologia adleriana é uma maneira de pensar completamente alinhada com a filosofia grega". Finalmente compreendi o significado dessas palavras.

Assim, depois de reler a obra completa de Adler, bem como os textos de filosofia, voltei à casa do Sr. Kishimi, em Quioto, e iniciamos um longo diálogo. Naturalmente, o principal foco da discussão foi a teoria da felicidade. A pergunta que Adler faz de maneira sistemática é: "O que é felicidade para o ser humano?"

Nossa conversa, ainda mais apaixonada do que a anterior, abordou a teoria educacional, a teoria organizacional, a teoria do trabalho, a teoria social e se estendeu até mesmo à teoria da vida, antes de chegar a uma conclusão abarcando os grandes temas do "amor" e da "autossuficiência". Como o leitor assimilará o amor e a autossuficiência de que Adler fala? Se ficar perplexo e esperançoso como fiquei, a ponto de essa sensação reverberar ao longo da vida, eu não poderia ficar mais feliz.

Por último, gostaria de transmitir minha gratidão ao Sr. Ichiro Kishimi, que, como filósofo amante da sabedoria que é, sempre encarou tudo sem hesitação. E também a nossos editores, Yoshifumi Kakiuchi e Kenji Imaizumi, da Diamond Inc., que nos apoiaram durante todo o longo período de elaboração do livro. Acima de tudo, agradecemos a todos os nossos leitores.

Muito obrigado.
FUMITAKE KOGA

Alfred Adler, o pensador que estava 100 anos à frente do seu tempo.

Desde a publicação de *A coragem de não agradar*, em 2013, o contexto de Adler e de seu pensamento no Japão passou por uma transformação notável. Antes, quando se falava sobre Adler durante palestras em seminários e nas universidades, sempre era necessário começar apresentando-o: "Há 100 anos, havia um pensador chamado Adler."

Hoje, aonde quer que eu vá no Japão, não há mais necessidade de apresentá-lo dessa forma. Além disso, as perguntas que recebo nas palestras são sempre inteligentes e bem fundamentadas. Tenho a forte sensação de que ele não é mais um pensador que viveu há 100 anos. Adler está presente dentro de muitas pessoas.

É o que sinto também ao ver *A coragem de não agradar* ocupar o primeiro lugar entre os mais vendidos ao longo de 51 semanas, ultrapassando 1 milhão de exemplares na Coreia do Sul e no Japão.

Adler é amplamente conhecido na Europa e na América há um bom tempo. Como realizo pesquisas sobre Adler há muitos anos, é emocionante presenciar a aceitação de seu pensamento na Ásia após um século.

A coragem de não agradar funciona como uma espécie de mapa para informar as pessoas sobre a existência da psicologia adleriana, além de fornecer uma visão geral das ideias de Adler. Fumitake Koga e eu montamos esse mapa ao longo de vários anos, com a intenção de criar uma introdução definitiva à psicologia adleriana.

O livro *A coragem de ser feliz*, por sua vez, é uma espécie de bússola que ensina a colocar as ideias de Adler em prática e a ser feliz. Ele também pode ser considerado um conjunto de diretrizes comportamentais, mostrando como podemos avançar no sentido dos objetivos estabelecidos no primeiro livro.

Adler foi um pensador incompreendido durante muitos anos.

A abordagem que ele chamou de encorajamento, em especial, foi usada inúmeras vezes para fins que não poderiam estar mais distantes das intenções originais de Adler. Suas ideias estiveram a serviço de controlar e manipular pessoas no âmbito da educação escolar infantil e da criação dos filhos, assim como no âmbito do desenvolvimento de recursos humanos em empresas, entre outros.

Talvez isso se deva ao fato de que, comparado aos outros psicólogos de seu tempo, Adler era apaixonado por educação. Profundamente interessado no socialismo quando estava na universidade, Adler se desiludiu com o marxismo depois de sentir na pele a realidade da Revolução Russa após a Primeira Guerra Mundial. Passou a buscar a salvação da raça humana não pela reforma política, mas pela reforma educacional.

Uma de suas maiores realizações foi a criação de clínicas de terapia infantil em várias escolas públicas da cidade de Viena, um pioneirismo na época.

Essas clínicas não forneciam apenas tratamento para as crianças e seus pais, mas também treinavam professores, médicos e terapeutas. Basicamente, foi a partir daí que a psicologia adleriana se tornou conhecida: das escolas para o mundo.

Para Adler, a educação não se resumia a elevar o desempenho escolar nem a resolver a questão das crianças problemáticas: o objetivo de educar era fazer a raça humana avançar e mudar o futuro. "O professor molda a mente da criança e tem em suas mãos o futuro da humanidade", declarou.

Quer dizer que Adler tinha essas expectativas apenas para quem era professor?

Não, claro que não. Ao classificar o trabalho de orientação psicológica ou terapia como "reeducação", Adler deixa claro que, para ele, todas as pessoas que vivem em uma comunidade estão envolvidas com a educação e, ao mesmo tempo, na posição de serem educadas. Eu mesmo, que ouvi falar de Adler pela primeira vez quando me vi às voltas com a criação dos filhos, de fato acumulei muito conhecimento humano no convívio com as crianças. Obviamente, é preciso ser tanto educador quanto aluno.

Em relação à sua teoria psicológica, Adler declarou: "Compreender o ser humano não é fácil. De todas as formas de psicologia, a psicologia individual é provavelmente a mais difícil de aprender e colocar em prática."

Não se pode mudar nada apenas estudando Adler.

Ninguém fará progressos só por conhecer suas teorias.

E, embora você tenha a coragem de dar o primeiro passo, não adianta nada se parar por aí. Dê o próximo passo e depois o próximo e o próximo. Essa sequência interminável de passos individuais é o que chamamos de caminhada.

Com o mapa e a bússola na mão, que tipo de caminho você percorrerá de agora em diante? Será que vai ficar parado? Nada me traria mais alegria do que saber que este livro ajudou você a ter a coragem de ser feliz.

Ichiro Kishimi

CONHEÇA OUTRO TÍTULO DOS AUTORES

A coragem de não agradar

Inspirado nas ideias de Alfred Adler – um dos expoentes da psicologia ao lado de Sigmund Freud e Carl Jung –, *A coragem de não agradar* apresenta o debate transformador entre um jovem e um filósofo.

Ao longo de cinco noites, eles discutem temas como autoestima, raiva, autoaceitação e complexo de inferioridade. Aos poucos, fica claro que libertar-se das expectativas alheias e das dúvidas que nos paralisam e encontrar a coragem para mudar está ao alcance de todos.

Assim como nos diálogos de Platão, em que o conhecimento vai sendo construído através do debate, o filósofo oferece ao rapaz as ferramentas necessárias para que ele se torne capaz de se reinventar e de dizer não às limitações impostas por si mesmo e pelos outros.

CONHEÇA ALGUNS DESTAQUES DE NOSSO CATÁLOGO

- Augusto Cury: Você é insubstituível (2,8 milhões de livros vendidos), Nunca desista de seus sonhos (2,7 milhões de livros vendidos) e O médico da emoção
- Dale Carnegie: Como fazer amigos e influenciar pessoas (16 milhões de livros vendidos) e Como evitar preocupações e começar a viver
- Brené Brown: A coragem de ser imperfeito – Como aceitar a própria vulnerabilidade e vencer a vergonha (900 mil livros vendidos)
- T. Harv Eker: Os segredos da mente milionária (3 milhões de livros vendidos)
- Gustavo Cerbasi: Casais inteligentes enriquecem juntos (1,2 milhão de livros vendidos) e Como organizar sua vida financeira
- Greg McKeown: Essencialismo – A disciplinada busca por menos (700 mil livros vendidos) e Sem esforço – Torne mais fácil o que é mais importante
- Haemin Sunim: As coisas que você só vê quando desacelera (700 mil livros vendidos) e Amor pelas coisas imperfeitas
- Ana Claudia Quintana Arantes: A morte é um dia que vale a pena viver (650 mil livros vendidos) e Pra vida toda valer a pena viver
- Ichiro Kishimi e Fumitake Koga: A coragem de não agradar – Como se libertar da opinião dos outros (350 mil livros vendidos)
- Simon Sinek: Comece pelo porquê (350 mil livros vendidos) e O jogo infinito
- Robert B. Cialdini: As armas da persuasão (500 mil livros vendidos)
- Eckhart Tolle: O poder do agora (1,2 milhão de livros vendidos)
- Edith Eva Eger: A bailarina de Auschwitz (600 mil livros vendidos)
- Cristina Núñez Pereira e Rafael R. Valcárcel: Emocionário – Um guia lúdico para lidar com as emoções (800 mil livros vendidos)
- Nizan Guanaes e Arthur Guerra: Você aguenta ser feliz? – Como cuidar da saúde mental e física para ter qualidade de vida
- Suhas Kshirsagar: Mude seus horários, mude sua vida – Como usar o relógio biológico para perder peso, reduzir o estresse e ter mais saúde e energia

sextante.com.br